Ancien Testament

La Genèse

© 2024, Ancien Testament
Édition : BoD • Books on Demand GmbH, In de Tarpen 42,
22848 Norderstedt (Allemagne)
Impression : Libri Plureos GmbH, Friedensallee 273, 22763
Hamburg (Allemagne)
ISBN : 978-2-3225-4240-6
Dépôt légal : Août2024

Genèse 1

La Bible

Pentateuque
La Genèse
L'Exode
Le Lévitique
Les Nombres
Le Deutéronome
Livres historiques
Livres poétiques
Les Prophètes

1. Au commencement, Dieu créa les cieux et la terre.
2. La terre était informe et vide : il y avait des ténèbres à la surface de l'abîme, et l'esprit de Dieu se mouvait au-dessus des eaux.
3. Dieu dit : Que la lumière soit ! Et la lumière fut.
4. Dieu vit que la lumière était bonne ; et Dieu sépara la lumière d'avec les ténèbres.
5. Dieu appela la lumière jour, et il appela les ténèbres nuit. Ainsi, il y eut un soir, et il y eut un matin : ce fut le premier jour.
6. Dieu dit : Qu'il y ait une étendue entre les eaux, et qu'elle sépare les eaux d'avec les eaux.
7. Et Dieu fit l'étendue, et il sépara les eaux qui sont au-dessous de l'étendue d'avec les eaux qui sont au-dessus de l'étendue. Et cela fut ainsi.
8. Dieu appela l'étendue ciel. Ainsi, il y eut un soir, et il y eut un matin : ce fut le second jour.
9. Dieu dit : Que les eaux qui sont au-dessous du ciel se rassemblent en un seul lieu, et que le sec paraisse. Et cela fut ainsi.

10. Dieu appela le sec terre, et il appela l'amas des eaux mers. Dieu vit que cela était bon.
11. Puis Dieu dit : Que la terre produise de la verdure, de l'herbe portant de la semence, des arbres fruitiers donnant du fruit selon leur espèce et ayant en eux leur semence sur la terre. Et cela fut ainsi.
12. La terre produisit de la verdure, de l'herbe portant de la semence selon son espèce, et des arbres donnant du fruit et ayant en eux leur semence selon leur espèce. Dieu vit que cela était bon.
13. Ainsi, il y eut un soir, et il y eut un matin : ce fut le troisième jour.
14. Dieu dit : Qu'il y ait des luminaires dans l'étendue du ciel, pour séparer le jour d'avec la nuit ; que ce soient des signes pour marquer les époques, les jours et les années ;
15. et qu'ils servent de luminaires dans l'étendue du ciel, pour éclairer la terre. Et cela fut ainsi.
16. Dieu fit les deux grands luminaires, le plus grand luminaire pour présider au jour, et le plus petit luminaire pour présider à la nuit ; il fit aussi les étoiles.
17. Dieu les plaça dans l'étendue du ciel, pour éclairer la terre,
18. pour présider au jour et à la nuit, et pour séparer la lumière d'avec les ténèbres. Dieu vit que cela était bon.
19. Ainsi, il y eut un soir, et il y eut un matin : ce fut le quatrième jour.

20. Dieu dit : Que les eaux produisent en abondance des animaux vivants, et que des oiseaux volent sur la terre vers l'étendue du ciel.
21. Dieu créa les grands poissons et tous les animaux vivants qui se meuvent, et que les eaux produisirent en abondance selon leur espèce ; il créa aussi tout oiseau ailé selon son espèce. Dieu vit que cela était bon.
22. Dieu les bénit, en disant : Soyez féconds, multipliez, et remplissez les eaux des mers ; et que les oiseaux multiplient sur la terre.
23. Ainsi, il y eut un soir, et il y eut un matin : ce fut le cinquième jour.
24. Dieu dit : Que la terre produise des animaux vivants selon leur espèce, du bétail, des reptiles et des animaux terrestres, selon leur espèce. Et cela fut ainsi.
25. Dieu fit les animaux de la terre selon leur espèce, le bétail selon son espèce, et tous les reptiles de la terre selon leur espèce. Dieu vit que cela était bon.
26. Puis Dieu dit : Faisons l'homme à notre image, selon notre ressemblance, et qu'il domine sur les poissons de la mer, sur les oiseaux du ciel, sur le bétail, sur toute la terre, et sur tous les reptiles qui rampent sur la terre.
27. Dieu créa l'homme à son image,
il le créa à l'image de Dieu,
il créa l'homme et la femme.
28. Dieu les bénit, et Dieu leur dit : Soyez féconds, multipliez, remplissez la terre, et l'assujettissez ; et dominez sur les poissons de la mer, sur les oiseaux du ciel, et sur tout animal qui se meut sur la terre.

29. Et Dieu dit : Voici, je vous donne toute herbe portant de la semence et qui est à la surface de toute la terre, et tout arbre ayant en lui du fruit d'arbre et portant de la semence : ce sera votre nourriture.
30. Et à tout animal de la terre, à tout oiseau du ciel, et à tout ce qui se meut sur la terre, ayant en soi un souffle de vie, je donne toute herbe verte pour nourriture. Et cela fut ainsi.
31. Dieu vit tout ce qu'il avait fait et voici, cela était très bon. Ainsi, il y eut un soir, et il y eut un matin : ce fut le sixième jour.

Genèse 2

1. Ainsi furent achevés les cieux et la terre, et toute leur armée.
2. Dieu acheva au septième jour son œuvre, qu'il avait faite : et il se reposa au septième jour de toute son œuvre, qu'il avait faite.
3. Dieu bénit le septième jour, et il le sanctifia, parce qu'en ce jour il se reposa de toute son œuvre qu'il avait créée en la faisant.
4. Voici les origines des cieux et de la terre, quand ils furent créés.
5. Lorsque l'Éternel Dieu fit une terre et des cieux, aucun arbuste des champs n'était encore sur la terre, et aucune herbe des champs ne germait encore : car

l'Éternel Dieu n'avait pas fait pleuvoir sur la terre, et il n'y avait point d'homme pour cultiver le sol.

6. Mais une vapeur s'éleva de la terre, et arrosa toute la surface du sol.
7. L'Éternel Dieu forma l'homme de la poussière de la terre, il souffla dans ses narines un souffle de vie et l'homme devint un être vivant.
8. Puis l'Éternel Dieu planta un jardin en Éden, du côté de l'orient, et il y mit l'homme qu'il avait formé.
9. L'Éternel Dieu fit pousser du sol des arbres de toute espèce, agréables à voir et bons à manger, et l'arbre de la vie au milieu du jardin, et l'arbre de la connaissance du bien et du mal.
10. Un fleuve sortait d'Éden pour arroser le jardin, et de là il se divisait en quatre bras.
11. Le nom du premier est Pischon ; c'est celui qui entoure tout le pays de Havila, où se trouve l'or.
12. L'or de ce pays est pur ; on y trouve aussi le bdellium et la pierre d'onyx.
13. Le nom du second fleuve est Guihon ; c'est celui qui entoure tout le pays de Cusch.
14. Le nom du troisième est Hiddékel ; c'est celui qui coule à l'orient de l'Assyrie. Le quatrième fleuve, c'est l'Euphrate.
15. L'Éternel Dieu prit l'homme, et le plaça dans le jardin d'Éden pour le cultiver et pour le garder.
16. L'Éternel Dieu donna cet ordre à l'homme : Tu pourras manger de tous les arbres du jardin ;

17. mais tu ne mangeras pas de l'arbre de la connaissance du bien et du mal, car le jour où tu en mangeras, tu mourras.
18. L'Éternel Dieu dit : Il n'est pas bon que l'homme soit seul ; je lui ferai une aide semblable à lui.
19. L'Éternel Dieu forma de la terre tous les animaux des champs et tous les oiseaux du ciel, et il les fit venir vers l'homme, pour voir comment il les appellerait, et afin que tout être vivant portât le nom que lui donnerait l'homme.
20. Et l'homme donna des noms à tout le bétail, aux oiseaux du ciel et à tous les animaux des champs ; mais, pour l'homme, il ne trouva point d'aide semblable à lui.
21. Alors l'Éternel Dieu fit tomber un profond sommeil sur l'homme, qui s'endormit ; il prit une de ses côtes, et referma la chair à sa place.
22. L'Éternel Dieu forma une femme de la côte qu'il avait prise de l'homme, et il l'amena vers l'homme.
23. Et l'homme dit :
Voici cette fois celle qui est os de mes os
et chair de ma chair !
On l'appellera femme,
parce qu'elle a été prise de l'homme.
24. C'est pourquoi l'homme quittera son père et sa mère, et s'attachera à sa femme, et ils deviendront une seule chair.
25. L'homme et sa femme étaient tous deux nus, et ils n'en avaient point honte.

Genèse 3

1. Le serpent était le plus rusé de tous les animaux des champs, que l'Éternel Dieu avait faits. Il dit à la femme : Dieu a-t-il réellement dit : Vous ne mangerez pas de tous les arbres du jardin ?
2. La femme répondit au serpent : Nous mangeons du fruit des arbres du jardin.
3. Mais quant au fruit de l'arbre qui est au milieu du jardin, Dieu a dit : Vous n'en mangerez point et vous n'y toucherez point, de peur que vous ne mouriez.
4. Alors le serpent dit à la femme : Vous ne mourrez point ;
5. mais Dieu sait que, le jour où vous en mangerez, vos yeux s'ouvriront, et que vous serez comme des dieux, connaissant le bien et le mal.
6. La femme vit que l'arbre était bon à manger et agréable à la vue, et qu'il était précieux pour ouvrir l'intelligence ; elle prit de son fruit, et en mangea ; elle en donna aussi à son mari, qui était auprès d'elle, et il en mangea.
7. Les yeux de l'un et de l'autre s'ouvrirent, ils connurent qu'ils étaient nus, et ayant cousu des feuilles de figuier, ils s'en firent des ceintures.
8. Alors ils entendirent la voix de l'Éternel Dieu, qui parcourait le jardin vers le soir, et l'homme et sa femme se cachèrent loin de la face de l'Éternel Dieu, au milieu des arbres du jardin.

9. Mais l'Éternel Dieu appela l'homme, et lui dit : Où es-tu ?
10. Il répondit : J'ai entendu ta voix dans le jardin, et j'ai eu peur, parce que je suis nu, et je me suis caché.
11. Et l'Éternel Dieu dit : Qui t'a appris que tu es nu ? Est-ce que tu as mangé de l'arbre dont je t'avais défendu de manger ?
12. L'homme répondit : La femme que tu as mise auprès de moi m'a donné de l'arbre, et j'en ai mangé.
13. Et l'Éternel Dieu dit à la femme : Pourquoi as-tu fait cela ? La femme répondit : Le serpent m'a séduite, et j'en ai mangé.
14. L'Éternel Dieu dit au serpent : Puisque tu as fait cela,
tu seras maudit entre tout le bétail
et entre tous les animaux des champs.
Tu marcheras sur ton ventre, et tu mangeras de la poussière
tous les jours de ta vie.
15. Je mettrai inimitié entre toi et la femme,
entre ta postérité et sa postérité :
celle-ci t'écrasera la tête,
et tu lui blesseras le talon.
16. Il dit à la femme :
J'augmenterai la souffrance de tes grossesses,
tu enfanteras avec douleur,
et tes désirs se porteront vers ton mari,
mais il dominera sur toi.
17. Il dit à l'homme : Puisque tu as écouté la voix de ta femme, et que tu as mangé de l'arbre au sujet duquel je

t'avais donné cet ordre : Tu n'en mangeras point !
le sol sera maudit à cause de toi.
C'est à force de peine que tu en tireras ta nourriture
tous les jours de ta vie.
18. Il te produira des épines et des ronces, et tu mangeras de l'herbe des champs.
19. C'est à la sueur de ton visage
que tu mangeras du pain,
jusqu'à ce que tu retournes dans la terre,
d'où tu as été pris ;
car tu es poussière,
et tu retourneras dans la poussière.
20. Adam donna à sa femme le nom d'Ève : car elle a été la mère de tous les vivants.
21. L'Éternel Dieu fit à Adam et à sa femme des habits de peau, et il les en revêtit.
22. L'Éternel Dieu dit : Voici, l'homme est devenu comme l'un de nous, pour la connaissance du bien et du mal. Empêchons-le maintenant d'avancer sa main, de prendre de l'arbre de vie, d'en manger, et de vivre éternellement.
23. Et l'Éternel Dieu le chassa du jardin d'Éden, pour qu'il cultivât la terre, d'où il avait été pris.
24. C'est ainsi qu'il chassa Adam ; et il mit à l'orient du jardin d'Éden les chérubins qui agitent une épée flamboyante, pour garder le chemin de l'arbre de vie.

Genèse 4

1. Adam connut Ève, sa femme ; elle conçut, et enfanta Caïn et elle dit : J'ai formé un homme avec l'aide de l'Éternel.
2. Elle enfanta encore son frère Abel. Abel fut berger, et Caïn fut laboureur.
3. Au bout de quelque temps, Caïn fit à l'Éternel une offrande des fruits de la terre ;
4. et Abel, de son côté, en fit une des premiers-nés de son troupeau et de leur graisse. L'Éternel porta un regard favorable sur Abel et sur son offrande ;
5. mais il ne porta pas un regard favorable sur Caïn et sur son offrande. Caïn fut très irrité, et son visage fut abattu.
6. Et l'Éternel dit à Caïn : Pourquoi es-tu irrité, et pourquoi ton visage est-il abattu ?
7. Certainement, si tu agis bien, tu relèveras ton visage, et si tu agis mal, le péché se couche à la porte, et ses désirs se portent vers toi : mais toi, domine sur lui.
8. Cependant, Caïn adressa la parole à son frère Abel ; mais, comme ils étaient dans les champs, Caïn se jeta sur son frère Abel, et le tua.
9. L'Éternel dit à Caïn : Où est ton frère Abel ? Il répondit : Je ne sais pas ; suis-je le gardien de mon frère ?
10. Et Dieu dit : Qu'as-tu fait ? La voix du sang de ton frère crie de la terre jusqu'à moi.

11. Maintenant, tu seras maudit de la terre qui a ouvert sa bouche pour recevoir de ta main le sang de ton frère.
12. Quand tu cultiveras le sol, il ne te donnera plus sa richesse. Tu seras errant et vagabond sur la terre.
13. Caïn dit à l'Éternel : Mon châtiment est trop grand pour être supporté.
14. Voici, tu me chasses aujourd'hui de cette terre ; je serai caché loin de ta face, je serai errant et vagabond sur la terre, et quiconque me trouvera me tuera.
15. L'Éternel lui dit : Si quelqu'un tuait Caïn, Caïn serait vengé sept fois. Et l'Éternel mit un signe sur Caïn pour que quiconque le trouverait ne le tuât point.
16. Puis, Caïn s'éloigna de la face de l'Éternel, et habita dans la terre de Nod, à l'orient d'Éden.
17. Caïn connut sa femme ; elle conçut, et enfanta Hénoc. Il bâtit ensuite une ville, et il donna à cette ville le nom de son fils Hénoc.
18. Hénoc engendra Irad, Irad engendra Mehujaël, Mehujaël engendra Metuschaël, et Metuschaël engendra Lémec.
19. Lémec prit deux femmes : le nom de l'une était Ada, et le nom de l'autre Tsilla.
20. Ada enfanta Jabal : il fut le père de ceux qui habitent sous des tentes et près des troupeaux.
21. Le nom de son frère était Jubal : il fut le père de tous ceux qui jouent de la harpe et du chalumeau.
22. Tsilla, de son côté, enfanta Tubal-Caïn, qui forgeait tous les instruments d'airain et de fer. La sœur de Tubal-Caïn était Naama.

23. Lémec dit à ses femmes :
    Ada et Tsilla, écoutez ma voix !
    Femmes de Lémec, écoutez ma parole !
    J'ai tué un homme pour ma blessure,
    et un jeune homme pour ma meurtrissure.
24. Caïn sera vengé sept fois,
    et Lémec soixante-dix-sept fois.
25. Adam connut encore sa femme ; elle enfanta un fils, et l'appela du nom de Seth, car, dit-elle, Dieu m'a donné un autre fils à la place d'Abel, que Caïn a tué.
26. Seth eut aussi un fils, et il l'appela du nom d'Énosch. C'est alors que l'on commença à invoquer le nom de l'Éternel.

Genèse 5

1. Voici le livre de la postérité d'Adam. Lorsque Dieu créa l'homme, il le fit à la ressemblance de Dieu.
2. Il créa l'homme et la femme, il les bénit, et il les appela du nom d'homme, lorsqu'ils furent créés.
3. Adam, âgé de cent trente ans, engendra un fils à sa ressemblance, selon son image, et il lui donna le nom de Seth.
4. Les jours d'Adam, après la naissance de Seth, furent de huit cents ans ; et il engendra des fils et des filles.
5. Tous les jours qu'Adam vécut furent de neuf cent trente ans ; puis il mourut.

6. Seth, âgé de cent cinq ans, engendra Énosch.
7. Seth vécut, après la naissance d'Énosch, huit cent sept ans ; et il engendra des fils et des filles.
8. Tous les jours de Seth furent de neuf cent douze ans ; puis il mourut.
9. Énosch, âgé de quatre-vingt-dix ans, engendra Kénan.
10. Énosch vécut, après la naissance de Kénan, huit cent quinze ans ; et il engendra des fils et des filles.
11. Tous les jours d'Énosch furent de neuf cent cinq ans ; puis il mourut.
12. Kénan, âgé de soixante-dix ans, engendra Mahalaleel.
13. Kénan vécut, après la naissance de Mahalaleel, huit cent quarante ans ; et il engendra des fils et des filles.
14. Tous les jours de Kénan furent de neuf cent dix ans ; puis il mourut.
15. Mahalaleel, âgé de soixante-cinq ans, engendra Jéred.
16. Mahalaleel vécut, après la naissance de Jéred, huit cent trente ans ; et il engendra des fils et des filles.
17. Tous les jours de Mahalaleel furent de huit cent quatre-vingt-quinze ans ; puis il mourut.
18. Jéred, âgé de cent soixante-deux ans, engendra Hénoc.
19. Jéred vécut, après la naissance d'Hénoc, huit cents ans ; et il engendra des fils et des filles.
20. Tous les jours de Jéred furent de neuf cent soixante-deux ans ; puis il mourut.
21. Hénoc, âgé de soixante-cinq ans, engendra Metuschélah.
22. Hénoc, après la naissance de Metuschélah, marcha avec Dieu trois cents ans ; et il engendra des fils et des

filles.
23. Tous les jours d'Hénoc furent de trois cent soixante-cinq ans.
24. Hénoc marcha avec Dieu ; puis il ne fut plus, parce que Dieu le prit.
25. Metuschélah, âgé de cent quatre-vingt-sept ans, engendra Lémec.
26. Metuschélah vécut, après la naissance de Lémec, sept cent quatre-vingt deux ans ; et il engendra des fils et des filles.
27. Tous les jours de Metuschélah furent de neuf cent soixante-neuf ans ; puis il mourut.
28. Lémec, âgé de cent quatre-vingt-deux ans, engendra un fils.
29. Il lui donna le nom de Noé, en disant : Celui-ci nous consolera de nos fatigues et du travail pénible de nos mains, provenant de cette terre que l'Éternel a maudite.
30. Lémec vécut, après la naissance de Noé, cinq cent quatre-vingt-quinze ans ; et il engendra des fils et des filles.
31. Tous les jours de Lémec furent de sept cent soixante-dix sept ans ; puis il mourut.
32. Noé, âgé de cinq cents ans, engendra Sem, Cham et Japhet.

Genèse 6

1. Lorsque les hommes eurent commencé à se multiplier sur la face de la terre, et que des filles leur furent nées,
2. les fils de Dieu virent que les filles des hommes étaient belles, et ils en prirent pour femmes parmi toutes celles qu'ils choisirent.
3. Alors l'Éternel dit : Mon esprit ne restera pas à toujours dans l'homme, car l'homme n'est que chair, et ses jours seront de cent vingt ans.
4. Les géants étaient sur la terre en ces temps-là, après que les fils de Dieu furent venus vers les filles des hommes, et qu'elles leur eurent donné des enfants : ce sont ces héros qui furent fameux dans l'antiquité.
5. L'Éternel vit que la méchanceté des hommes était grande sur la terre, et que toutes les pensées de leur cœur se portaient chaque jour uniquement vers le mal.
6. L'Éternel se repentit d'avoir fait l'homme sur la terre, et il fut affligé en son cœur.
7. Et l'Éternel dit : J'exterminerai de la face de la terre l'homme que j'ai créé, depuis l'homme jusqu'au bétail, aux reptiles, et aux oiseaux du ciel ; car je me repens de les avoir faits.
8. Mais Noé trouva grâce aux yeux de l'Éternel.
9. Voici la postérité de Noé. Noé était un homme juste et intègre dans son temps ; Noé marchait avec Dieu.
10. Noé engendra trois fils : Sem, Cham et Japhet.
11. La terre était corrompue devant Dieu, la terre était pleine de violence.
12. Dieu regarda la terre, et voici, elle était corrompue ; car toute chair avait corrompu sa voie sur la terre.

13. Alors Dieu dit à Noé : La fin de toute chair est arrêtée par devers moi ; car ils ont rempli la terre de violence ; voici, je vais les détruire avec la terre.
14. Fais-toi une arche de bois de gopher ; tu disposeras cette arche en cellules, et tu l'enduiras de poix en dedans et en dehors.
15. Voici comment tu la feras : l'arche aura trois cents coudées de longueur, cinquante coudées de largeur et trente coudées de hauteur.
16. Tu feras à l'arche une fenêtre, que tu réduiras à une coudée en haut ; tu établiras une porte sur le côté de l'arche ; et tu construiras un étage inférieur, un second et un troisième.
17. Et moi, je vais faire venir le déluge d'eaux sur la terre, pour détruire toute chair ayant souffle de vie sous le ciel ; tout ce qui est sur la terre périra.
18. Mais j'établis mon alliance avec toi ; tu entreras dans l'arche, toi et tes fils, ta femme et les femmes de tes fils avec toi.
19. De tout ce qui vit, de toute chair, tu feras entrer dans l'arche deux de chaque espèce, pour les conserver en vie avec toi : il y aura un mâle et une femelle.
20. Des oiseaux selon leur espèce, du bétail selon son espèce, et de tous les reptiles de la terre selon leur espèce, deux de chaque espèce viendront vers toi, pour que tu leur conserves la vie.
21. Et toi, prends de tous les aliments que l'on mange, et fais-en une provision auprès de toi, afin qu'ils te servent de nourriture ainsi qu'à eux.

22. C'est ce que fit Noé : il exécuta tout ce que Dieu lui avait ordonné.

Genèse 7

1. L'Éternel dit à Noé : Entre dans l'arche, toi et toute ta maison ; car je t'ai vu juste devant moi parmi cette génération.
2. Tu prendras auprès de toi sept couples de tous les animaux purs, le mâle et sa femelle ; une paire des animaux qui ne sont pas purs, le mâle et sa femelle ;
3. sept couples aussi des oiseaux du ciel, mâle et femelle, afin de conserver leur race en vie sur la face de toute la terre.
4. Car, encore sept jours, et je ferai pleuvoir sur la terre quarante jours et quarante nuits, et j'exterminerai de la face de la terre tous les êtres que j'ai faits.
5. Noé exécuta tout ce que l'Éternel lui avait ordonné.
6. Noé avait six cents ans, lorsque le déluge d'eaux fut sur la terre.
7. Et Noé entra dans l'arche avec ses fils, sa femme et les femmes de ses fils, pour échapper aux eaux du déluge.
8. D'entre les animaux purs et les animaux qui ne sont pas purs, les oiseaux et tout ce qui se meut sur la terre,

9. il entra dans l'arche auprès de Noé, deux à deux, un mâle et une femelle, comme Dieu l'avait ordonné à Noé.
10. Sept jours après, les eaux du déluge furent sur la terre.
11. L'an six cent de la vie de Noé, le second mois, le dix-septième jour du mois, en ce jour-là toutes les sources du grand abîme jaillirent, et les écluses des cieux s'ouvrirent.
12. La pluie tomba sur la terre quarante jours et quarante nuits.
13. Ce même jour entrèrent dans l'arche Noé, Sem, Cham et Japhet, fils de Noé, la femme de Noé et les trois femmes de ses fils avec eux :
14. eux, et tous les animaux selon leur espèce, tout le bétail selon son espèce, tous les reptiles qui rampent sur la terre selon leur espèce, tous les oiseaux selon leur espèce, tous les petits oiseaux, tout ce qui a des ailes.
15. Ils entrèrent dans l'arche auprès de Noé, deux à deux, de toute chair ayant souffle de vie.
16. Il en entra, mâle et femelle, de toute chair, comme Dieu l'avait ordonné à Noé. Puis l'Éternel ferma la porte sur lui.
17. Le déluge fut quarante jours sur la terre. Les eaux crûrent et soulevèrent l'arche, et elle s'éleva au-dessus de la terre.
18. Les eaux grossirent et s'accrurent beaucoup sur la terre, et l'arche flotta sur la surface des eaux.

19. Les eaux grossirent de plus en plus, et toutes les hautes montagnes qui sont sous le ciel entier furent couvertes.
20. Les eaux s'élevèrent de quinze coudées au-dessus des montagnes, qui furent couvertes.
21. Tout ce qui se mouvait sur la terre périt, tant les oiseaux que le bétail et les animaux, tout ce qui rampait sur la terre, et tous les hommes.
22. Tout ce qui avait respiration, souffle de vie dans ses narines, et qui était sur la terre sèche, mourut.
23. Tous les êtres qui étaient sur la face de la terre furent exterminés, depuis l'homme jusqu'au bétail, aux reptiles et aux oiseaux du ciel : ils furent exterminés de la terre. Il ne resta que Noé, et ce qui était avec lui dans l'arche.
24. Les eaux furent grosses sur la terre pendant cent cinquante jours.

Genèse 8

1. Dieu se souvint de Noé, de tous les animaux et de tout le bétail qui étaient avec lui dans l'arche ; et Dieu fit passer un vent sur la terre, et les eaux s'apaisèrent.
2. Les sources de l'abîme et les écluses des cieux furent fermées, et la pluie ne tomba plus du ciel.

3. Les eaux se retirèrent de dessus la terre, s'en allant et s'éloignant, et les eaux diminuèrent au bout de cent cinquante jours.
4. Le septième mois, le dix-septième jour du mois, l'arche s'arrêta sur les montagnes d'Ararat.
5. Les eaux allèrent en diminuant jusqu'au dixième mois. Le dixième mois, le premier jour du mois, apparurent les sommets des montagnes.
6. Au bout de quarante jours, Noé ouvrit la fenêtre qu'il avait faite à l'arche.
7. Il lâcha le corbeau, qui sortit, partant et revenant, jusqu'à ce que les eaux eussent séché sur la terre.
8. Il lâcha aussi la colombe, pour voir si les eaux avaient diminué à la surface de la terre.
9. Mais la colombe ne trouva aucun lieu pour poser la plante de son pied, et elle revint à lui dans l'arche, car il y avait des eaux à la surface de toute la terre. Il avança la main, la prit, et la fit rentrer auprès de lui dans l'arche.
10. Il attendit encore sept autres jours, et il lâcha de nouveau la colombe hors de l'arche.
11. La colombe revint à lui sur le soir ; et voici, une feuille d'olivier arrachée était dans son bec. Noé connut ainsi que les eaux avaient diminué sur la terre.
12. Il attendit encore sept autres jours ; et il lâcha la colombe. Mais elle ne revint plus à lui.
13. L'an six cent un, le premier mois, le premier jour du mois, les eaux avaient séché sur la terre. Noé ôta la

couverture de l'arche : il regarda, et voici, la surface de la terre avait séché.
14. Le second mois, le vingt-septième jour du mois, la terre fut sèche.
15. Alors Dieu parla à Noé, en disant :
16. Sors de l'arche, toi et ta femme, tes fils et les femmes de tes fils avec toi.
17. Fais sortir avec toi tous les animaux de toute chair qui sont avec toi, tant les oiseaux que le bétail et tous les reptiles qui rampent sur la terre : qu'ils se répandent sur la terre, qu'ils soient féconds et multiplient sur la terre.
18. Et Noé sortit, avec ses fils, sa femme, et les femmes de ses fils.
19. Tous les animaux, tous les reptiles, tous les oiseaux, tout ce qui se meut sur la terre, selon leurs espèces, sortirent de l'arche.
20. Noé bâtit un autel à l'Éternel ; il prit de toutes les bêtes pures et de tous les oiseaux purs, et il offrit des holocaustes sur l'autel.
21. L'Éternel sentit une odeur agréable, et l'Éternel dit en son cœur : Je ne maudirai plus la terre, à cause de l'homme, parce que les pensées du cœur de l'homme sont mauvaises dès sa jeunesse ; et je ne frapperai plus tout ce qui est vivant, comme je l'ai fait.
22. Tant que la terre subsistera,
    les semailles et la moisson,
    le froid et la chaleur,
    l'été et l'hiver,

le jour et la nuit
ne cesseront point.

Genèse 9

1. Dieu bénit Noé et ses fils, et leur dit : Soyez féconds, multipliez, et remplissez la terre.
2. Vous serez un sujet de crainte et d'effroi pour tout animal de la terre, pour tout oiseau du ciel, pour tout ce qui se meut sur la terre, et pour tous les poissons de la mer : ils sont livrés entre vos mains.
3. Tout ce qui se meut et qui a vie vous servira de nourriture : je vous donne tout cela comme l'herbe verte.
4. Seulement, vous ne mangerez point de chair avec son âme, avec son sang.
5. Sachez-le aussi, je redemanderai le sang de vos âmes, je le redemanderai à tout animal ; et je redemanderai l'âme de l'homme à l'homme, à l'homme qui est son frère.
6. Si quelqu'un verse le sang de l'homme,
   par l'homme son sang sera versé ;
   car Dieu a fait l'homme à son image.
7. Et vous, soyez féconds et multipliez, répandez-vous sur la terre et multipliez sur elle.

8. Dieu parla encore à Noé et à ses fils avec lui, en disant :
9. Voici, j'établis mon alliance avec vous et avec votre postérité après vous ;
10. avec tous les êtres vivants qui sont avec vous, tant les oiseaux que le bétail et tous les animaux de la terre, soit avec tous ceux qui sont sortis de l'arche, soit avec tous les animaux de la terre.
11. J'établis mon alliance avec vous : aucune chair ne sera plus exterminée par les eaux du déluge, et il n'y aura plus de déluge pour détruire la terre.
12. Et Dieu dit : C'est ici le signe de l'alliance que j'établis entre moi et vous, et tous les êtres vivants qui sont avec vous, pour les générations à toujours :
13. j'ai placé mon arc dans la nue, et il servira de signe d'alliance entre moi et la terre.
14. Quand j'aurai rassemblé des nuages au-dessus de la terre, l'arc paraîtra dans la nue ;
15. et je me souviendrai de mon alliance entre moi et vous, et tous les êtres vivants, de toute chair, et les eaux ne deviendront plus un déluge pour détruire toute chair.
16. L'arc sera dans la nue ; et je le regarderai, pour me souvenir de l'alliance perpétuelle entre Dieu et tous les êtres vivants, de toute chair qui est sur la terre.
17. Et Dieu dit à Noé : Tel est le signe de l'alliance que j'établis entre moi et toute chair qui est sur la terre.
18. Les fils de Noé, qui sortirent de l'arche, étaient Sem, Cham et Japhet. Cham fut le père de Canaan.

19. Ce sont là les trois fils de Noé, et c'est leur postérité qui peupla toute la terre.
20. Noé commença à cultiver la terre, et planta de la vigne.
21. Il but du vin, s'enivra, et se découvrit au milieu de sa tente.
22. Cham, père de Canaan, vit la nudité de son père, et il le rapporta dehors à ses deux frères.
23. Alors Sem et Japhet prirent le manteau, le mirent sur leurs épaules, marchèrent à reculons, et couvrirent la nudité de leur père ; comme leur visage était détourné, ils ne virent point la nudité de leur père.
24. Lorsque Noé se réveilla de son vin, il apprit ce que lui avait fait son fils cadet.
25. Et il dit :
Maudit soit Canaan !
qu'il soit l'esclave des esclaves
de ses frères !
26. Il dit encore :
Béni soit l'Éternel, Dieu de Sem,
et que Canaan soit leur esclave !
27. Que Dieu étende les possessions de Japhet,
qu'il habite dans les tentes de Sem,
et que Canaan soit leur esclave !
28. Noé vécut, après le déluge, trois cent cinquante ans.
29. Tous les jours de Noé furent de neuf cent cinquante ans ; puis il mourut.

Genèse 10

1. Voici la postérité des fils de Noé, Sem, Cham et Japhet. Il leur naquit des fils après le déluge.
2. Les fils de Japhet furent : Gomer, Magog, Madaï, Javan, Tubal, Méschec et Tiras.
3. Les fils de Gomer : Aschkenaz, Riphat et Togarma.
4. Les fils de Javan : Élischa, Tarsis, Kittim et Dodanim.
5. C'est par eux qu'ont été peuplées les îles des nations selon leurs terres, selon la langue de chacun, selon leurs familles, selon leurs nations.
6. Les fils de Cham furent : Cusch, Mitsraïm, Puth et Canaan.
7. Les fils de Cusch : Saba, Havila, Sabta, Raema et Sabteca. Les fils de Raema : Séba et Dedan.
8. Cusch engendra aussi Nimrod ; c'est lui qui commença à être puissant sur la terre.
9. Il fut un vaillant chasseur devant l'Éternel ; c'est pourquoi l'on dit : Comme Nimrod, vaillant chasseur devant l'Éternel
10. Il régna d'abord sur Babel, Érec, Accad et Calné, au pays de Schinear.
11. De ce pays-là sortit Assur ; il bâtit Ninive, Rehoboth Hir, Calach,
12. et Résen entre Ninive et Calach ; c'est la grande ville.
13. Mitsraïm engendra les Ludim, les Anamim, les Lehabim, les Naphtuhim,

14. les Patrusim, les Casluhim, d'où sont sortis les Philistins, et les Caphtorim.
15. Canaan engendra Sidon, son premier-né, et Heth ;
16. et les Jébusiens, les Amoréens, les Guirgasiens,
17. les Héviens, les Arkiens, les Siniens,
18. les Arvadiens, les Tsemariens, les Hamathiens. Ensuite, les familles des Cananéens se dispersèrent.
19. Les limites des Cananéens allèrent depuis Sidon, du côté de Guérar, jusqu'à Gaza, et du côté de Sodome, de Gomorrhe, d'Adma et de Tseboïm, jusqu'à Léscha.
20. Ce sont là les fils de Cham, selon leurs familles, selon leurs langues, selon leurs pays, selon leurs nations.
21. Il naquit aussi des fils à Sem, père de tous les fils d'Héber, et frère de Japhet l'aîné.
22. Les fils de Sem furent : Élam, Assur, Arpacschad, Lud et Aram.
23. Les fils d'Aram : Uts, Hul, Guéter et Masch.
24. Arpacschad engendra Schélach ; et Schélach engendra Héber.
25. Il naquit à Héber deux fils : le nom de l'un était Péleg, parce que de son temps la terre fut partagée, et le nom de son frère était Jokthan.
26. Jokthan engendra Almodad, Schéleph, Hatsarmaveth, Jérach,
27. Hadoram, Uzal, Dikla,
28. Obal, Abimaël, Séba,
29. Ophir, Havila et Jobab. Tous ceux-là furent fils de Jokthan.

30. Ils habitèrent depuis Méscha, du côté de Sephar, jusqu'à la montagne de l'orient.
31. Ce sont là les fils de Sem, selon leurs familles, selon leurs langues, selon leurs pays, selon leurs nations.
32. Telles sont les familles des fils de Noé, selon leurs générations, selon leurs nations. Et c'est d'eux que sont sorties les nations qui se sont répandues sur la terre après le déluge.

Genèse 11

1. Toute la terre avait une seule langue et les mêmes mots.
2. Comme ils étaient partis de l'orient, ils trouvèrent une plaine au pays de Schinear, et ils y habitèrent.
3. Ils se dirent l'un à l'autre : Allons ! faisons des briques, et cuisons-les au feu. Et la brique leur servit de pierre, et le bitume leur servit de ciment.
4. Ils dirent encore : Allons ! bâtissons-nous une ville et une tour dont le sommet touche au ciel, et faisons-nous un nom, afin que nous ne soyons pas dispersés sur la face de toute la terre.
5. L'Éternel descendit pour voir la ville et la tour que bâtissaient les fils des hommes.

6. Et l'Éternel dit : Voici, ils forment un seul peuple et ont tous une même langue, et c'est là ce qu'ils ont entrepris ; maintenant rien ne les empêcherait de faire tout ce qu'ils auraient projeté.
7. Allons ! descendons, et là confondons leur langage, afin qu'ils n'entendent plus la langue, les uns des autres.
8. Et l'Éternel les dispersa loin de là sur la face de toute la terre et leur donna tous un langage différent ;

et ils cessèrent de bâtir la ville.

1. C'est pourquoi on l'appela du nom de Babel, car c'est là que l'Éternel confondit le langage de toute la terre, et c'est de là que l'Éternel les dispersa sur la face de toute la terre.
2. Voici la postérité de Sem. Sem, âgé de cent ans, engendra Arpacschad, deux ans après le déluge.
3. Sem vécut, après la naissance d'Arpacschad, cinq cents ans ; et il engendra des fils et des filles.
4. Arpacschad, âgé de trente-cinq ans, engendra Schélach.
5. Arpacschad vécut, après la naissance de Schélach, quatre cent trois ans ; et il engendra des fils et des filles.
6. Schélach, âgé de trente ans, engendra Héber.
7. Schélach vécut, après la naissance d'Héber, quatre cent trois ans ; et il engendra des fils et des filles.
8. Héber, âgé de trente-quatre ans, engendra Péleg.

9. Héber vécut, après la naissance de Péleg, quatre cent trente ans ; et il engendra des fils et des filles.
10. Péleg, âgé de trente ans, engendra Rehu.
11. Péleg vécut, après la naissance de Rehu, deux cent neuf ans ; et il engendra des fils et des filles.
12. Rehu, âgé de trente-deux ans, engendra Serug.
13. Rehu vécut, après la naissance de Serug, deux cent sept ans ; et il engendra des fils et des filles.
14. Serug, âgé de trente ans, engendra Nachor.
15. Serug vécut, après la naissance de Nachor, deux cents ans ; et il engendra des fils et des filles.
16. Nachor, âgé de vingt-neuf ans, engendra Térach.
17. Nachor vécut, après la naissance de Térach, cent dix-neuf ans ; et il engendra des fils et des filles.
18. Térach, âgé de soixante-dix ans, engendra Abram, Nachor et Haran.
19. Voici la postérité de Térach. Térach engendra Abram, Nachor et Haran. Haran engendra Lot.
20. Et Haran mourut en présence de Térach, son père, au pays de sa naissance, à Ur en Chaldée.
21. Abram et Nachor prirent des femmes : le nom de la femme d'Abram était Saraï, et le nom de la femme de Nachor était Milca, fille d'Haran, père de Milca et père de Jisca.
22. Saraï était stérile : elle n'avait point d'enfants.
23. Térach prit Abram, son fils, et Lot, fils d'Haran, fils de son fils, et Saraï, sa belle-fille, femme d'Abram, son fils. Ils sortirent ensemble d'Ur en Chaldée, pour aller

au pays de Canaan. Ils vinrent jusqu'à Charan, et ils y habitèrent.
24. Les jours de Térach furent de deux cent cinq ans ; et Térach mourut à Charan.

Genèse 12

1. L'Éternel dit à Abram : Va-t-en de ton pays, de ta patrie, et de la maison de ton père, dans le pays que je te montrerai.
2. Je ferai de toi une grande nation, et je te bénirai ; je rendrai ton nom grand, et tu seras une source de bénédiction.
3. Je bénirai ceux qui te béniront,
et je maudirai ceux qui te maudiront ;
et toutes les familles de la terre
seront bénies en toi.
4. Abram partit, comme l'Éternel le lui avait dit, et Lot partit avec lui. Abram était âgé de soixante-quinze ans, lorsqu'il sortit de Charan.
5. Abram prit Saraï, sa femme, et Lot, fils de son frère, avec tous les biens qu'ils possédaient et les serviteurs qu'ils avaient acquis à Charan. Ils partirent pour aller dans le pays de Canaan, et ils arrivèrent au pays de Canaan.
6. Abram parcourut le pays jusqu'au lieu nommé Sichem, jusqu'aux chênes de Moré. Les Cananéens étaient

alors dans le pays.

7. L'Éternel apparut à Abram, et dit : Je donnerai ce pays à ta postérité. Et Abram bâtit là un autel à l'Éternel, qui lui était apparu.
8. Il se transporta de là vers la montagne, à l'orient de Béthel, et il dressa ses tentes, ayant Béthel à l'occident et Aï à l'orient. Il bâtit encore là un autel à l'Éternel, et il invoqua le nom de l'Éternel.
9. Abram continua ses marches, en s'avançant vers le midi.
10. Il y eut une famine dans le pays ; et Abram descendit en Égypte pour y séjourner, car la famine était grande dans le pays.
11. Comme il était près d'entrer en Égypte, il dit à Saraï, sa femme : Voici, je sais que tu es une femme belle de figure.
12. Quand les Égyptiens te verront, ils diront : C'est sa femme ! Et ils me tueront, et te laisseront la vie.
13. Dis, je te prie, que tu es ma sœur, afin que je sois bien traité à cause de toi, et que mon âme vive grâce à toi.
14. Lorsque Abram fut arrivé en Égypte, les Égyptiens virent que la femme était fort belle.
15. Les grands de Pharaon la virent aussi et la vantèrent à Pharaon ; et la femme fut emmenée dans la maison de Pharaon.
16. Il traita bien Abram à cause d'elle ; et Abram reçut des brebis, des bœufs, des ânes, des serviteurs et des servantes, des ânesses, et des chameaux.

17. Mais l'Éternel frappa de grandes plaies Pharaon et sa maison, au sujet de Saraï, femme d'Abram.
18. Alors Pharaon appela Abram, et dit : Qu'est-ce que tu m'as fait ? Pourquoi ne m'as-tu pas déclaré que c'est ta femme ?
19. Pourquoi as-tu dit : C'est ma sœur ? Aussi l'ai-je prise pour ma femme. Maintenant, voici ta femme, prends-la, et va-t-en !
20. Et Pharaon donna ordre à ses gens de le renvoyer, lui et sa femme, avec tout ce qui lui appartenait.

Genèse 13

1. Abram remonta d'Égypte vers le midi, lui, sa femme, et tout ce qui lui appartenait, et Lot avec lui.
2. Abram était très riche en troupeaux, en argent et en or.
3. Il dirigea ses marches du midi jusqu'à Béthel, jusqu'au lieu où était sa tente au commencement, entre Béthel et Aï,
4. au lieu où était l'autel qu'il avait fait précédemment. Et là, Abram invoqua le nom de l'Éternel.
5. Lot, qui voyageait avec Abram, avait aussi des brebis, des bœufs et des tentes.
6. Et la contrée était insuffisante pour qu'ils demeurassent ensemble, car leurs biens étaient si

considérables qu'ils ne pouvaient demeurer ensemble.

7. Il y eut querelle entre les bergers des troupeaux d'Abram et les bergers des troupeaux de Lot. Les Cananéens et les Phéresiens habitaient alors dans le pays.

8. Abram dit à Lot : Qu'il n'y ait point, je te prie, de dispute entre moi et toi, ni entre mes bergers et tes bergers ; car nous sommes frères.

9. Tout le pays n'est-il pas devant toi ? Sépare-toi donc de moi : si tu vas à gauche, j'irai à droite ; si tu vas à droite, j'irai à gauche.

10. Lot leva les yeux, et vit toute la plaine du Jourdain, qui était entièrement arrosée. Avant que l'Éternel eût détruit Sodome et Gomorrhe, c'était, jusqu'à Tsoar, comme un jardin de l'Éternel, comme le pays d'Égypte.

11. Lot choisit pour lui toute la plaine du Jourdain, et il s'avança vers l'orient. C'est ainsi qu'ils se séparèrent l'un de l'autre.

12. Abram habita dans le pays de Canaan ; et Lot habita dans les villes de la plaine, et dressa ses tentes jusqu'à Sodome.

13. Les gens de Sodome étaient méchants, et de grands pécheurs contre l'Éternel.

14. L'Éternel dit à Abram, après que Lot se fut séparé de lui : Lève les yeux, et, du lieu où tu es, regarde vers le nord et le midi, vers l'orient et l'occident ;

15. car tout le pays que tu vois, je le donnerai à toi et à ta postérité pour toujours.

16. Je rendrai ta postérité comme la poussière de la terre, en sorte que, si quelqu'un peut compter la poussière de la terre, ta postérité aussi sera comptée.
17. Lève-toi, parcours le pays dans sa longueur et dans sa largeur ; car je te le donnerai.
18. Abram leva ses tentes, et vint habiter parmi les chênes de Mamré, qui sont près d'Hébron. Et il bâtit là un autel à l'Éternel.

Genèse 14

1. Dans le temps d'Amraphel, roi de Schinear, d'Arjoc, roi d'Ellasar, de Kedorlaomer, roi d'Élam, et de Tideal, roi de Gojim,
2. il arriva qu'ils firent la guerre à Béra, roi de Sodome, à Birscha, roi de Gomorrhe, à Schineab, roi d'Adma, à Schémeéber, roi de Tseboïm, et au roi de Béla, qui est Tsoar.
3. Ces derniers s'assemblèrent tous dans la vallée de Siddim, qui est la mer Salée.
4. Pendant douze ans, ils avaient été soumis à Kedorlaomer ; et la treizième année, ils s'étaient révoltés.
5. Mais, la quatorzième année, Kedorlaomer et les rois qui étaient avec lui se mirent en marche, et ils battirent

les Rephaïm à Aschteroth-Karnaïm, les Zuzim à Ham, les Émim à Schavé-Kirjathaïm,

6. et les Horiens dans leur montagne de Séir, jusqu'au chêne de Paran, qui est près du désert.
7. Puis ils s'en retournèrent, vinrent à En-Mischpath, qui est Kadès, et battirent les Amalécites sur tout leur territoire, ainsi que les Amoréens établis à Hatsatson-Thamar.
8. Alors s'avancèrent le roi de Sodome, le roi de Gomorrhe, le roi d'Adma, le roi de Tseboïm, et le roi de Béla, qui est Tsoar ; et ils se rangèrent en bataille contre eux, dans la vallée de Siddim,
9. contre Kedorlaomer, roi d'Élam, Tideal, roi de Gojim, Amraphel, roi de Schinear, et Arjoc, roi d'Ellasar : quatre rois contre cinq.
10. La vallée de Siddim était couverte de puits de bitume ; le roi de Sodome et celui de Gomorrhe prirent la fuite, et y tombèrent ; le reste s'enfuit vers la montagne.
11. Les vainqueurs enlevèrent toutes les richesses de Sodome et de Gomorrhe, et toutes leurs provisions ; et ils s'en allèrent.
12. Ils enlevèrent aussi, avec ses biens, Lot, fils du frère d'Abram, qui demeurait à Sodome ; et ils s'en allèrent.
13. Un fuyard vint l'annoncer à Abram, l'Hébreu ; celui-ci habitait parmi les chênes de Mamré, l'Amoréen, frère d'Eschcol et frère d'Aner, qui avaient fait alliance avec Abram.
14. Dès qu'Abram eut appris que son frère avait été fait prisonnier, il arma trois cent dix-huit de ses plus braves

serviteurs, nés dans sa maison, et il poursuivit les rois jusqu'à Dan.

15. Il divisa sa troupe, pour les attaquer de nuit, lui et ses serviteurs ; il les battit, et les poursuivit jusqu'à Choba, qui est à la gauche de Damas.
16. Il ramena toutes les richesses ; il ramena aussi Lot, son frère, avec ses biens, ainsi que les femmes et le peuple.
17. Après qu'Abram fut revenu vainqueur de Kedorlaomer et des rois qui étaient avec lui, le roi de Sodome sortit à sa rencontre dans la vallée de Schavé, qui est la vallée du roi.
18. Melchisédek, roi de Salem, fit apporter du pain et du vin : il était sacrificateur du Dieu Très-Haut.
19. Il bénit Abram, et dit : Béni soit Abram par le Dieu Très-Haut, maître du ciel et de la terre !
20. Béni soit le Dieu Très-Haut, qui a livré tes ennemis entre tes mains ! Et Abram lui donna la dîme de tout.
21. Le roi de Sodome dit à Abram : Donne-moi les personnes, et prends pour toi les richesses.
22. Abram répondit au roi de Sodome : Je lève la main vers l'Éternel, le Dieu Très-Haut, maître du ciel et de la terre :
23. je ne prendrai rien de tout ce qui est à toi, pas même un fil, ni un cordon de soulier, afin que tu ne dises pas : J'ai enrichi Abram. Rien pour moi !
24. Seulement, ce qu'ont mangé les jeunes gens, et la part des hommes qui ont marché avec moi, Aner, Eschcol et Mamré : eux, ils prendront leur part.

Genèse 15

1. Après ces événements, la parole de l'Éternel fut adressée à Abram dans une vision, et il dit : Abram, ne crains point ; je suis ton bouclier, et ta récompense sera très grande.
2. Abram répondit : Seigneur Éternel, que me donneras-tu ? Je m'en vais sans enfants ; et l'héritier de ma maison, c'est Éliézer de Damas.
3. Et Abram dit : Voici, tu ne m'as pas donné de postérité, et celui qui est né dans ma maison sera mon héritier.
4. Alors la parole de l'Éternel lui fut adressée ainsi : Ce n'est pas lui qui sera ton héritier, mais c'est celui qui sortira de tes entrailles qui sera ton héritier.
5. Et après l'avoir conduit dehors, il dit : Regarde vers le ciel, et compte les étoiles, si tu peux les compter. Et il lui dit : Telle sera ta postérité.
6. Abram eut confiance en l'Éternel, qui le lui imputa à justice.
7. L'Éternel lui dit encore : Je suis l'Éternel, qui t'ai fait sortir d'Ur en Chaldée, pour te donner en possession ce pays.
8. Abram répondit : Seigneur Éternel, à quoi connaîtrai-je que je le posséderai ?
9. Et l'Éternel lui dit : Prends une génisse de trois ans, une chèvre de trois ans, un bélier de trois ans, une tourterelle et une jeune colombe.

10. Abram prit tous ces animaux, les coupa par le milieu, et mit chaque morceau l'un vis-à-vis de l'autre ; mais il ne partagea point les oiseaux.
11. Les oiseaux de proie s'abattirent sur les cadavres ; et Abram les chassa.
12. Au coucher du soleil, un profond sommeil tomba sur Abram ; et voici, une frayeur et une grande obscurité vinrent l'assaillir.
13. Et l'Éternel dit à Abram : Sache que tes descendants seront étrangers dans un pays qui ne sera point à eux ; ils y seront asservis, et on les opprimera pendant quatre cents ans.
14. Mais je jugerai la nation à laquelle ils seront asservis, et ils sortiront ensuite avec de grandes richesses.
15. Toi, tu iras en paix vers tes pères, tu seras enterré après une heureuse vieillesse.
16. À la quatrième génération, ils reviendront ici ; car l'iniquité des Amoréens n'est pas encore à son comble.
17. Quand le soleil fut couché, il y eut une obscurité profonde ; et voici, ce fut une fournaise fumante, et des flammes passèrent entre les animaux partagés.
18. En ce jour-là, l'Éternel fit alliance avec Abram, et dit : Je donne ce pays à ta postérité, depuis le fleuve d'Égypte jusqu'au grand fleuve, au fleuve d'Euphrate,
19. le pays des Kéniens, des Keniziens, des Kadmoniens,
20. des Héthiens, des Phéréziens, des Rephaïm,
21. des Amoréens, des Cananéens, des Guirgasiens et des Jébusiens.

Genèse 16

1. Saraï, femme d'Abram, ne lui avait point donné d'enfants. Elle avait une servante Égyptienne, nommée Agar.
2. Et Saraï dit à Abram : Voici, l'Éternel m'a rendue stérile ; viens, je te prie, vers ma servante ; peut-être aurai-je par elle des enfants. Abram écouta la voix de Saraï.
3. Alors Saraï, femme d'Abram, prit Agar, l'Égyptienne, sa servante, et la donna pour femme à Abram, son mari, après qu'Abram eut habité dix années dans le pays de Canaan.
4. Il alla vers Agar, et elle devint enceinte. Quand elle se vit enceinte, elle regarda sa maîtresse avec mépris.
5. Et Saraï dit à Abram : L'outrage qui m'est fait retombe sur toi. J'ai mis ma servante dans ton sein ; et, quand elle a vu qu'elle était enceinte, elle m'a regardée avec mépris. Que l'Éternel soit juge entre moi et toi !
6. Abram répondit à Saraï : Voici, ta servante est en ton pouvoir, agis à son égard comme tu le trouveras bon. Alors Saraï la maltraita ; et Agar s'enfuit loin d'elle.
7. L'ange de l'Éternel la trouva près d'une source d'eau dans le désert, près de la source qui est sur le chemin de Schur.

8. Il dit : Agar, servante de Saraï, d'où viens-tu, et où vas-tu ? Elle répondit : Je fuis loin de Saraï, ma maîtresse.
9. L'ange de l'Éternel lui dit : Retourne vers ta maîtresse, et humilie-toi sous sa main.
10. L'ange de l'Éternel lui dit : Je multiplierai ta postérité, et elle sera si nombreuse qu'on ne pourra la compter.
11. L'ange de l'Éternel lui dit :
Voici, tu es enceinte, et tu enfanteras un fils,
à qui tu donneras le nom d'Ismaël ;
car l'Éternel t'a entendue dans ton affliction.
12. Il sera comme un âne sauvage ;
sa main sera contre tous, et la main de tous sera contre lui ;
et il habitera en face de tous ses frères.
13. Elle appela Atta-El-roï le nom de l'Éternel qui lui avait parlé ; car elle dit : Ai-je rien vu ici, après qu'il m'a vue ?
14. C'est pourquoi l'on a appelé ce puits le puits de Lachaï-roï ; il est entre Kadès et Bared.
15. Agar enfanta un fils à Abram ; et Abram donna le nom d'Ismaël au fils qu'Agar lui enfanta.
16. Abram était âgé de quatre-vingt-six ans lorsqu'Agar enfanta Ismaël à Abram.

Genèse 17

1. Lorsque Abram fut âgé de quatre-vingt-dix-neuf ans, l'Éternel apparut à Abram, et lui dit : Je suis le Dieu tout puissant. Marche devant ma face, et sois intègre.
2. J'établirai mon alliance entre moi et toi, et je te multiplierai à l'infini.
3. Abram tomba sur sa face ; et Dieu lui parla, en disant :
4. Voici mon alliance, que je fais avec toi. Tu deviendras père d'une multitude de nations.
5. On ne t'appellera plus Abram ; mais ton nom sera Abraham, car je te rends père d'une multitude de nations.
6. Je te rendrai fécond à l'infini, je ferai de toi des nations ; et des rois sortiront de toi.
7. J'établirai mon alliance entre moi et toi, et tes descendants après toi, selon leurs générations : ce sera une alliance perpétuelle, en vertu de laquelle je serai ton Dieu et celui de ta postérité après toi.
8. Je te donnerai, et à tes descendants après toi, le pays que tu habites comme étranger, tout le pays de Canaan, en possession perpétuelle, et je serai leur Dieu.
9. Dieu dit à Abraham : Toi, tu garderas mon alliance, toi et tes descendants après toi, selon leurs générations.
10. C'est ici mon alliance, que vous garderez entre moi et vous, et ta postérité après toi : tout mâle parmi vous sera circoncis.

11. Vous vous circoncirez ; et ce sera un signe d'alliance entre moi et vous.
12. À l'âge de huit jours, tout mâle parmi vous sera circoncis, selon vos générations, qu'il soit né dans la maison, ou qu'il soit acquis à prix d'argent de tout fils d'étranger, sans appartenir à ta race.
13. On devra circoncire celui qui est né dans la maison et celui qui est acquis à prix d'argent ; et mon alliance sera dans votre chair une alliance perpétuelle.
14. Un mâle incirconcis, qui n'aura pas été circoncis dans sa chair, sera exterminé du milieu de son peuple : il aura violé mon alliance.
15. Dieu dit à Abraham : Tu ne donneras plus à Saraï, ta femme, le nom de Saraï ; mais son nom sera Sara.
16. Je la bénirai, et je te donnerai d'elle un fils ; je la bénirai, et elle deviendra des nations ; des rois de peuples sortiront d'elle.
17. Abraham tomba sur sa face ; il rit, et dit en son cœur : Naîtrait-il un fils à un homme de cent ans ? et Sara, âgée de quatre-vingt-dix ans, enfanterait-elle ?
18. Et Abraham dit à Dieu : Oh ! qu'Ismaël vive devant ta face !
19. Dieu dit : Certainement Sara, ta femme, t'enfantera un fils ; et tu l'appelleras du nom d'Isaac. J'établirai mon alliance avec lui comme une alliance perpétuelle pour sa postérité après lui.
20. À l'égard d'Ismaël, je t'ai exaucé. Voici, je le bénirai, je le rendrai fécond, et je le multiplierai à l'infini ; il

engendrera douze princes, et je ferai de lui une grande nation.
21. J'établirai mon alliance avec Isaac, que Sara t'enfantera à cette époque-ci de l'année prochaine.
22. Lorsqu'il eut achevé de lui parler, Dieu s'éleva au-dessus d'Abraham.
23. Abraham prit Ismaël, son fils, tous ceux qui étaient nés dans sa maison et tous ceux qu'il avait acquis à prix d'argent, tous les mâles parmi les gens de la maison d'Abraham ; et il les circoncit ce même jour, selon l'ordre que Dieu lui avait donné.
24. Abraham était âgé de quatre-vingt-dix-neuf ans, lorsqu'il fut circoncis.
25. Ismaël, son fils, était âgé de treize ans lorsqu'il fut circoncis.
26. Ce même jour, Abraham fut circoncis, ainsi qu'Ismaël, son fils.
27. Et tous les gens de sa maison, nés dans sa maison, ou acquis à prix d'argent des étrangers, furent circoncis avec lui.

Genèse 18

1. L'Éternel lui apparut parmi les chênes de Mamré, comme il était assis à l'entrée de sa tente, pendant la

chaleur du jour.
2. Il leva les yeux, et regarda : et voici, trois hommes étaient debout près de lui. Quand il les vit, il courut au-devant d'eux, depuis l'entrée de sa tente, et se prosterna en terre.
3. Et il dit : Seigneur, si j'ai trouvé grâce à tes yeux, ne passe point, je te prie, loin de ton serviteur.
4. Permettez qu'on apporte un peu d'eau, pour vous laver les pieds ; et reposez-vous sous cet arbre.
5. J'irai prendre un morceau de pain, pour fortifier votre cœur ; après quoi, vous continuerez votre route ; car c'est pour cela que vous passez près de votre serviteur. Ils répondirent : Fais comme tu l'as dit.
6. Abraham alla promptement dans sa tente vers Sara, et il dit : Vite, trois mesures de fleur de farine, pétris, et fais des gâteaux.
7. Et Abraham courut à son troupeau, prit un veau tendre et bon, et le donna à un serviteur, qui se hâta de l'apprêter.
8. Il prit encore de la crème et du lait, avec le veau qu'on avait apprêté, et il les mit devant eux. Il se tint lui-même à leurs côtés, sous l'arbre. Et ils mangèrent.
9. Alors ils lui dirent : Où est Sara, ta femme ? Il répondit : Elle est là, dans la tente.
10. L'un d'entre eux dit : Je reviendrai vers toi à cette même époque ; et voici, Sara, ta femme, aura un fils. Sara écoutait à l'entrée de la tente, qui était derrière lui.

11. Abraham et Sara étaient vieux, avancés en âge : et Sara ne pouvait plus espérer avoir des enfants.
12. Elle rit en elle-même, en disant : Maintenant que je suis vieille, aurais-je encore des désirs ? Mon seigneur aussi est vieux.
13. L'Éternel dit à Abraham : Pourquoi donc Sara a-t-elle ri, en disant : Est-ce que vraiment j'aurais un enfant, moi qui suis vieille ?
14. Y a-t-il rien qui soit étonnant de la part de l'Éternel ? Au temps fixé je reviendrai vers toi, à cette même époque ; et Sara aura un fils.
15. Sara mentit, en disant : Je n'ai pas ri. Car elle eut peur. Mais il dit : Au contraire, tu as ri.
16. Ces hommes se levèrent pour partir, et ils regardèrent du côté de Sodome. Abraham alla avec eux, pour les accompagner.
17. Alors l'Éternel dit : Cacherai-je à Abraham ce que je vais faire ?...
18. Abraham deviendra certainement une nation grande et puissante, et en lui seront bénies toutes les nations de la terre.
19. Car je l'ai choisi, afin qu'il ordonne à ses fils et à sa maison après lui de garder la voie de l'Éternel, en pratiquant la droiture et la justice, et qu'ainsi l'Éternel accomplisse en faveur d'Abraham les promesses qu'il lui a faites...
20. Et l'Éternel dit : Le cri contre Sodome et Gomorrhe s'est accru, et leur péché est énorme.

21. C'est pourquoi je vais descendre, et je verrai s'ils ont agi entièrement selon le bruit venu jusqu'à moi ; et si cela n'est pas, je le saurai.
22. Les hommes s'éloignèrent, et allèrent vers Sodome. Mais Abraham se tint encore en présence de l'Éternel.
23. Abraham s'approcha, et dit : Feras-tu aussi périr le juste avec le méchant ?
24. Peut-être y a-t-il cinquante justes au milieu de la ville : les feras-tu périr aussi, et ne pardonneras-tu pas à la ville à cause des cinquante justes qui sont au milieu d'elle ?
25. Faire mourir le juste avec le méchant, en sorte qu'il en soit du juste comme du méchant, loin de toi cette manière d'agir ! loin de toi ! Celui qui juge toute la terre n'exercera-t-il pas la justice ?
26. Et l'Éternel dit : Si je trouve dans Sodome cinquante justes au milieu de la ville, je pardonnerai à toute la ville, à cause d'eux.
27. Abraham reprit, et dit : Voici, j'ai osé parler au Seigneur, moi qui ne suis que poudre et cendre.
28. Peut-être des cinquante justes en manquera-t-il cinq : pour cinq, détruiras-tu toute la ville ? Et l'Éternel dit : Je ne la détruirai point, si j'y trouve quarante-cinq justes.
29. Abraham continua de lui parler, et dit : Peut-être s'y trouvera-t-il quarante justes. Et l'Éternel dit : Je ne ferai rien, à cause de ces quarante.
30. Abraham dit : Que le Seigneur ne s'irrite point, et je parlerai. Peut-être s'y trouvera-t-il trente justes. Et

l'Éternel dit : Je ne ferai rien, si j'y trouve trente justes.
31. Abraham dit : Voici, j'ai osé parler au Seigneur. Peut-être s'y trouvera-t-il vingt justes. Et l'Éternel dit : Je ne la détruirai point, à cause de ces vingt.
32. Abraham dit : Que le Seigneur ne s'irrite point, et je ne parlerai plus que cette fois. Peut-être s'y trouvera-t-il dix justes. Et l'Éternel dit : Je ne la détruirai point, à cause de ces dix justes.
33. L'Éternel s'en alla lorsqu'il eut achevé de parler à Abraham. Et Abraham retourna dans sa demeure.

Genèse 19

1. Les deux anges arrivèrent à Sodome sur le soir ; et Lot était assis à la porte de Sodome. Quand Lot les vit, il se leva pour aller au-devant d'eux, et se prosterna la face contre terre.
2. Puis il dit : Voici, mes seigneurs, entrez, je vous prie, dans la maison de votre serviteur, et passez-y la nuit ; lavez-vous les pieds ; vous vous lèverez de bon matin, et vous poursuivrez votre route. Non, répondirent-ils, nous passerons la nuit dans la rue.
3. Mais Lot les pressa tellement qu'ils vinrent chez lui et entrèrent dans sa maison. Il leur donna un festin, et fit cuire des pains sans levain. Et ils mangèrent.

4. Ils n'étaient pas encore couchés que les gens de la ville, les gens de Sodome, entourèrent la maison, depuis les enfants jusqu'aux vieillards ; toute la population était accourue.
5. Ils appelèrent Lot, et lui dirent : Où sont les hommes qui sont entrés chez toi cette nuit ? Fais-les sortir vers nous, pour que nous les connaissions.
6. Lot sortit vers eux à l'entrée de la maison, et ferma la porte derrière lui.
7. Et il dit : Mes frères, je vous prie, ne faites pas le mal !
8. Voici, j'ai deux filles qui n'ont point connu d'homme ; je vous les amènerai dehors, et vous leur ferez ce qu'il vous plaira. Seulement, ne faites rien à ces hommes puisqu'ils sont venus à l'ombre de mon toit.
9. Ils dirent : Retire-toi ! Ils dirent encore : Celui-ci est venu comme étranger, et il veut faire le juge ! Eh bien, nous te ferons pis qu'à eux. Et, pressant Lot avec violence, ils s'avancèrent pour briser la porte.
10. Les hommes étendirent la main, firent rentrer Lot vers eux dans la maison, et fermèrent la porte.
11. Et ils frappèrent d'aveuglement les gens qui étaient à l'entrée de la maison, depuis le plus petit jusqu'au plus grand, de sorte qu'ils se donnèrent une peine inutile pour trouver la porte.
12. Les hommes dirent à Lot : Qui as-tu encore ici ? Gendres, fils et filles, et tout ce qui t'appartient dans la ville, fais-les sortir de ce lieu.
13. Car nous allons détruire ce lieu, parce que le cri contre ses habitants est grand devant l'Éternel. L'Éternel nous

a envoyés pour le détruire.
14. Lot sortit, et parla à ses gendres qui avaient pris ses filles : Levez-vous, dit-il, sortez de ce lieu ; car l'Éternel va détruire la ville. Mais, aux yeux de ses gendres, il parut plaisanter.
15. Dès l'aube du jour, les anges insistèrent auprès de Lot, en disant : Lève-toi, prends ta femme et tes deux filles qui se trouvent ici, de peur que tu ne périsses dans la ruine de la ville.
16. Et comme il tardait, les hommes le saisirent par la main, lui, sa femme et ses deux filles, car l'Éternel voulait l'épargner ; ils l'emmenèrent, et le laissèrent hors de la ville.
17. Après les avoir fait sortir, l'un d'eux dit : Sauve-toi, pour ta vie ; ne regarde pas derrière toi, et ne t'arrête pas dans toute la plaine ; sauve-toi vers la montagne, de peur que tu ne périsses.
18. Lot leur dit : Oh ! non, Seigneur !
19. Voici, j'ai trouvé grâce à tes yeux, et tu as montré la grandeur de ta miséricorde à mon égard, en me conservant la vie ; mais je ne puis me sauver à la montagne, avant que le désastre m'atteigne, et je périrai.
20. Voici, cette ville est assez proche pour que je m'y réfugie, et elle est petite. Oh ! que je puisse m'y sauver,... n'est-elle pas petite ?... et que mon âme vive !
21. Et il lui dit : Voici, je t'accorde encore cette grâce, et je ne détruirai pas la ville dont tu parles.

22. Hâte-toi de t'y réfugier, car je ne puis rien faire jusqu'à ce que tu y sois arrivé. C'est pour cela que l'on a donné à cette ville le nom de Tsoar.
23. Le soleil se levait sur la terre, lorsque Lot entra dans Tsoar.
24. Alors l'Éternel fit pleuvoir du ciel sur Sodome et sur Gomorrhe du soufre et du feu, de par l'Éternel.
25. Il détruisit ces villes, toute la plaine et tous les habitants des villes, et les plantes de la terre.
26. La femme de Lot regarda en arrière, et elle devint une statue de sel.
27. Abraham se leva de bon matin, pour aller au lieu où il s'était tenu en présence de l'Éternel.
28. Il porta ses regards du côté de Sodome et de Gomorrhe, et sur tout le territoire de la plaine ; et voici, il vit s'élever de la terre une fumée, comme la fumée d'une fournaise.
29. Lorsque Dieu détruisit les villes de la plaine, il se souvint d'Abraham ; et il fit échapper Lot du milieu du désastre, par lequel il bouleversa les villes où Lot avait établi sa demeure.
30. Lot quitta Tsoar pour la hauteur, et se fixa sur la montagne, avec ses deux filles, car il craignait de rester à Tsoar. Il habita dans une caverne, lui et ses deux filles.
31. L'aînée dit à la plus jeune : Notre père est vieux ; et il n'y a point d'homme dans la contrée, pour venir vers nous, selon l'usage de tous les pays.

32. Viens, faisons boire du vin à notre père, et couchons avec lui, afin que nous conservions la race de notre père.
33. Elles firent donc boire du vin à leur père cette nuit-là ; et l'aînée alla coucher avec son père : il ne s'aperçut ni quand elle se coucha, ni quand elle se leva.
34. Le lendemain, l'aînée dit à la plus jeune : Voici, j'ai couché la nuit dernière avec mon père ; faisons-lui boire du vin encore cette nuit, et va coucher avec lui, afin que nous conservions la race de notre père.
35. Elles firent boire du vin à leur père encore cette nuit-là ; et la cadette alla coucher avec lui : il ne s'aperçut ni quand elle se coucha, ni quand elle se leva.
36. Les deux filles de Lot devinrent enceintes de leur père.
37. L'aînée enfanta un fils, qu'elle appela du nom de Moab : c'est le père des Moabites, jusqu'à ce jour.
38. La plus jeune enfanta aussi un fils, qu'elle appela du nom de Ben Ammi : c'est le père des Ammonites, jusqu'à ce jour.

Genèse 20

1. Abraham partit de là pour la contrée du midi ; il s'établit entre Kadès et Schur, et fit un séjour à Guérar.

2. Abraham disait de Sara, sa femme : C'est ma sœur. Abimélec, roi de Guérar, fit enlever Sara.
3. Alors Dieu apparut en songe à Abimélec pendant la nuit, et lui dit : Voici, tu vas mourir à cause de la femme que tu as enlevée, car elle a un mari.
4. Abimélec, qui ne s'était point approché d'elle, répondit : Seigneur, ferais-tu périr même une nation juste ?
5. Ne m'a-t-il pas dit : C'est ma sœur ? et elle-même n'a-t-elle pas dit : C'est mon frère ? J'ai agi avec un cœur pur et avec des mains innocentes.
6. Dieu lui dit en songe : Je sais que tu as agi avec un cœur pur ; aussi t'ai-je empêché de pécher contre moi. C'est pourquoi je n'ai pas permis que tu la touchasse.
7. Maintenant, rends la femme de cet homme ; car il est prophète, il priera pour toi, et tu vivras. Mais, si tu ne la rends pas, sache que tu mourras, toi et tout ce qui t'appartient.
8. Abimélec se leva de bon matin, il appela tous ses serviteurs, et leur rapporta toutes ces choses ; et ces gens furent saisis d'une grande frayeur.
9. Abimélec appela aussi Abraham, et lui dit : Qu'est-ce que tu nous as fait ? Et en quoi t'ai-je offensé, que tu aies fait venir sur moi et sur mon royaume un si grand péché ? Tu as commis à mon égard des actes qui ne doivent pas se commettre.
10. Et Abimélec dit à Abraham : Quelle intention avais-tu pour agir de la sorte ?

11. Abraham répondit : Je me disais qu'il n'y avait sans doute aucune crainte de Dieu dans ce pays, et que l'on me tuerait à cause de ma femme.
12. De plus, il est vrai qu'elle est ma sœur, fille de mon père ; seulement, elle n'est pas fille de ma mère ; et elle est devenue ma femme.
13. Lorsque Dieu me fit errer loin de la maison de mon père, je dis à Sara : Voici la grâce que tu me feras ; dans tous les lieux où nous irons, dis de moi : C'est mon frère.
14. Abimélec prit des brebis et des bœufs, des serviteurs et des servantes, et les donna à Abraham ; et il lui rendit Sara, sa femme.
15. Abimélec dit : Voici, mon pays est devant toi ; demeure où il te plaira.
16. Et il dit à Sara : Voici, je donne à ton frère mille pièces d'argent ; cela te sera un voile sur les yeux pour tous ceux qui sont avec toi, et auprès de tous tu seras justifiée.
17. Abraham pria Dieu, et Dieu guérit Abimélec, sa femme et ses servantes ; et elles purent enfanter.
18. Car l'Éternel avait frappé de stérilité toute la maison d'Abimélec, à cause de Sara, femme d'Abraham.

Genèse 21

1. L'Éternel se souvint de ce qu'il avait dit à Sara, et l'Éternel accomplit pour Sara ce qu'il avait promis.
2. Sara devint enceinte, et elle enfanta un fils à Abraham dans sa vieillesse, au temps fixé dont Dieu lui avait parlé.
3. Abraham donna le nom d'Isaac au fils qui lui était né, que Sara lui avait enfanté.
4. Abraham circoncit son fils Isaac, âgé de huit jours, comme Dieu le lui avait ordonné.
5. Abraham était âgé de cent ans, à la naissance d'Isaac, son fils.
6. Et Sara dit : Dieu m'a fait un sujet de rire ; quiconque l'apprendra rira de moi.
7. Elle ajouta : Qui aurait dit à Abraham : Sara allaitera des enfants ? Cependant je lui ai enfanté un fils dans sa vieillesse.
8. L'enfant grandit, et fut sevré ; et Abraham fit un grand festin le jour où Isaac fut sevré.
9. Sara vit rire le fils qu'Agar, l'Égyptienne, avait enfanté à Abraham ;
10. et elle dit à Abraham : Chasse cette servante et son fils, car le fils de cette servante n'héritera pas avec mon fils, avec Isaac.
11. Cette parole déplut fort aux yeux d'Abraham, à cause de son fils.
12. Mais Dieu dit à Abraham : Que cela ne déplaise pas à tes yeux, à cause de l'enfant et de ta servante. Accorde à Sara tout ce qu'elle te demandera ; car c'est d'Isaac que sortira une postérité qui te sera propre.

13. Je ferai aussi une nation du fils de ta servante ; car il est ta postérité.
14. Abraham se leva de bon matin ; il prit du pain et une outre d'eau, qu'il donna à Agar et plaça sur son épaule ; il lui remit aussi l'enfant, et la renvoya. Elle s'en alla, et s'égara dans le désert de Beer Schéba.
15. Quand l'eau de l'outre fut épuisée, elle laissa l'enfant sous un des arbrisseaux,
16. et alla s'asseoir vis-à-vis, à une portée d'arc ; car elle disait : Que je ne voie pas mourir mon enfant ! Elle s'assit donc vis-à-vis de lui, éleva la voix et pleura.
17. Dieu entendit la voix de l'enfant ; et l'ange de Dieu appela du ciel Agar, et lui dit : Qu'as-tu, Agar ? Ne crains point, car Dieu a entendu la voix de l'enfant dans le lieu où il est.
18. Lève-toi, prends l'enfant, saisis-le de ta main ; car je ferai de lui une grande nation.
19. Et Dieu lui ouvrit les yeux, et elle vit un puits d'eau ; elle alla remplir d'eau l'outre, et donna à boire à l'enfant.
20. Dieu fut avec l'enfant, qui grandit, habita dans le désert, et devint tireur d'arc.
21. Il habita dans le désert de Paran, et sa mère lui prit une femme du pays d'Égypte.
22. En ce temps-là, Abimélec, accompagné de Picol, chef de son armée, parla ainsi à Abraham : Dieu est avec toi dans tout ce que tu fais.
23. Jure-moi maintenant ici, par le nom de Dieu, que tu ne tromperas ni moi, ni mes enfants, ni mes petits-enfants,

et que tu auras pour moi et le pays où tu séjournes la même bienveillance que j'ai eue pour toi.
24. Abraham dit : Je le jurerai.
25. Mais Abraham fit des reproches à Abimélec, au sujet d'un puits d'eau, dont s'étaient emparés de force les serviteurs d'Abimélec.
26. Abimélec répondit : J'ignore qui a fait cette chose-là ; tu ne m'en as point informé, et moi, je ne l'apprends qu'aujourd'hui.
27. Et Abraham prit des brebis et des bœufs, qu'il donna à Abimélec ; et ils firent tous deux alliance.
28. Abraham mit à part sept jeunes brebis.
29. Et Abimélec dit à Abraham : Qu'est-ce que ces sept jeunes brebis, que tu as mises à part ?
30. Il répondit : Tu accepteras de ma main ces sept brebis, afin que cela me serve de témoignage que j'ai creusé ce puits.
31. C'est pourquoi on appelle ce lieu Beer Schéba ; car c'est là qu'ils jurèrent l'un et l'autre.
32. Ils firent donc alliance à Beer Schéba. Après quoi, Abimélec se leva, avec Picol, chef de son armée ; et ils retournèrent au pays des Philistins.
33. Abraham planta des tamariscs à Beer Schéba ; et là il invoqua le nom de l'Éternel, Dieu de l'éternité.
34. Abraham séjourna longtemps dans le pays des Philistins.

Genèse 22

1. Après ces choses, Dieu mit Abraham à l'épreuve, et lui dit : Abraham ! Et il répondit : Me voici !
2. Dieu dit : Prends ton fils, ton unique, celui que tu aimes, Isaac ; va-t'en au pays de Morija, et là offre-le en holocauste sur l'une des montagnes que je te dirai.
3. Abraham se leva de bon matin, sella son âne, et prit avec lui deux serviteurs et son fils Isaac. Il fendit du bois pour l'holocauste, et partit pour aller au lieu que Dieu lui avait dit.
4. Le troisième jour, Abraham, levant les yeux, vit le lieu de loin.
5. Et Abraham dit à ses serviteurs : Restez ici avec l'âne ; moi et le jeune homme, nous irons jusque-là pour adorer, et nous reviendrons auprès de vous.
6. Abraham prit le bois pour l'holocauste, le chargea sur son fils Isaac, et porta dans sa main le feu et le couteau. Et il marchèrent tous deux ensemble.
7. Alors Isaac, parlant à Abraham, son père, dit : Mon père ! Et il répondit : Me voici, mon fils ! Isaac reprit : Voici le feu et le bois ; mais où est l'agneau pour l'holocauste ?
8. Abraham répondit : Mon fils, Dieu se pourvoira lui-même de l'agneau pour l'holocauste. Et ils marchèrent tous deux ensemble.
9. Lorsqu'ils furent arrivés au lieu que Dieu lui avait dit, Abraham y éleva un autel, et rangea le bois. Il lia son

fils Isaac, et le mit sur l'autel, par-dessus le bois.
10. Puis Abraham étendit la main, et prit le couteau, pour égorger son fils.
11. Alors l'ange de l'Éternel l'appela des cieux, et dit : Abraham ! Abraham ! Et il répondit : Me voici !
12. L'ange dit : N'avance pas ta main sur l'enfant, et ne lui fais rien ; car je sais maintenant que tu crains Dieu, et que tu ne m'as pas refusé ton fils, ton unique.
13. Abraham leva les yeux, et vit derrière lui un bélier retenu dans un buisson par les cornes ; et Abraham alla prendre le bélier, et l'offrit en holocauste à la place de son fils.
14. Abraham donna à ce lieu le nom de Jehova Jiré. C'est pourquoi l'on dit aujourd'hui : À la montagne de l'Éternel il sera pourvu.
15. L'ange de l'Éternel appela une seconde fois Abraham des cieux,
16. et dit : Je le jure par moi-même, parole de l'Éternel ! parce que tu as fais cela, et que tu n'as pas refusé ton fils, ton unique,
17. je te bénirai et je multiplierai ta postérité, comme les étoiles du ciel et comme le sable qui est sur le bord de la mer ; et ta postérité possédera la porte de ses ennemis.
18. Toutes les nations de la terre seront bénies en ta postérité, parce que tu as obéi à ma voix.
19. Abraham étant retourné vers ses serviteurs, ils se levèrent et s'en allèrent ensemble à Beer Schéba ; car Abraham demeurait à Beer Schéba.

20. Après ces choses, on fit à Abraham un rapport, en disant : Voici, Milca a aussi enfanté des fils à Nachor, ton frère :
21. Uts, son premier-né, Buz, son frère, Kemuel, père d'Aram,
22. Késed, Hazo, Pildasch, Jidlaph et Bethuel.
23. Bethuel a engendré Rebecca. Ce sont là les huit fils que Milca a enfantés à Nachor, frère d'Abraham.
24. Sa concubine, nommée Réuma, a aussi enfanté Thébach, Gaham, Tahasch et Maaca.

Genèse 23

1. La vie de Sara fut de cent vingt-sept ans : telles sont les années de la vie de Sara.
2. Sara mourut à Kirjath Arba, qui est Hébron, dans le pays de Canaan ; et Abraham vint pour mener deuil sur Sara et pour la pleurer.
3. Abraham se leva de devant son mort, et parla ainsi aux fils de Heth :
4. Je suis étranger et habitant parmi vous ; donnez-moi la possession d'un sépulcre chez vous, pour enterrer mon mort et l'ôter de devant moi.
5. Les fils de Heth répondirent à Abraham, en lui disant :

6. Écoute-nous, mon seigneur ! Tu es un prince de Dieu au milieu de nous ; enterre ton mort dans celui de nos sépulcres que tu choisiras ; aucun de nous ne te refusera son sépulcre pour enterrer ton mort.
7. Abraham se leva, et se prosterna devant le peuple du pays, devant les fils de Heth.
8. Et il leur parla ainsi : Si vous permettez que j'enterre mon mort et que je l'ôte de devant mes yeux, écoutez-moi, et priez pour moi Éphron, fils de Tsochar,
9. de me céder la caverne de Macpéla, qui lui appartient, à l'extrémité de son champ, de me la céder contre sa valeur en argent, afin qu'elle me serve de possession sépulcrale au milieu de vous.
10. Éphron était assis parmi les fils de Heth. Et Éphron, le Héthien, répondit à Abraham, en présence des fils de Heth et de tous ceux qui entraient par la porte de sa ville :
11. Non, mon seigneur, écoute-moi ! Je te donne le champ, et je te donne la caverne qui y est. Je te les donne, aux yeux des fils de mon peuple : enterre ton mort.
12. Abraham se prosterna devant le peuple du pays.
13. Et il parla ainsi à Éphron, en présence du peuple du pays : Écoute-moi, je te prie ! Je donne le prix du champ : accepte-le de moi ; et j'y enterrerai mon mort.
14. Et Éphron répondit à Abraham, en lui disant :
15. Mon seigneur, écoute-moi ! Une terre de quatre cents sicles d'argent, qu'est-ce que cela entre moi et toi ? Enterre ton mort.

16. Abraham comprit Éphron ; et Abraham pesa à Éphron l'argent qu'il avait dit, en présence des fils de Heth, quatre cents sicles d'argent ayant cours chez le marchand.
17. Le champ d'Éphron à Macpéla, vis-à-vis de Mamré, le champ et la caverne qui y est, et tous les arbres qui sont dans le champ et dans toutes ses limites alentour,
18. devinrent ainsi la propriété d'Abraham, aux yeux des fils de Heth et de tous ceux qui entraient par la porte de sa ville.
19. Après cela, Abraham enterra Sara, sa femme, dans la caverne du champ de Macpéla, vis-à-vis de Mamré, qui est Hébron, dans le pays de Canaan.
20. Le champ et la caverne qui y est demeurèrent à Abraham comme possession sépulcrale, acquise des fils de Heth.

Genèse 24

1. Abraham était vieux, avancé en âge ; et l'Éternel avait béni Abraham en toute chose.
2. Abraham dit à son serviteur, le plus ancien de sa maison, l'intendant de tous ses biens : Mets, je te prie, ta main sous ma cuisse ;

3. et je te ferai jurer par l'Éternel, le Dieu du ciel et le Dieu de la terre, de ne pas prendre pour mon fils une femme parmi les filles des Cananéens au milieu desquels j'habite,
4. mais d'aller dans mon pays et dans ma patrie prendre une femme pour mon fils Isaac.
5. Le serviteur lui répondit : Peut-être la femme ne voudra-t-elle pas me suivre dans ce pays-ci ; devrai-je mener ton fils dans le pays d'où tu es sorti ?
6. Abraham lui dit : Garde-toi d'y mener mon fils !
7. L'Éternel, le Dieu du ciel, qui m'a fait sortir de la maison de mon père et de ma patrie, qui m'a parlé et qui m'a juré, en disant : Je donnerai ce pays à ta postérité, lui-même enverra son ange devant toi ; et c'est de là que tu prendras une femme pour mon fils.
8. Si la femme ne veut pas te suivre, tu seras dégagé de ce serment que je te fais faire. Seulement, tu n'y mèneras pas mon fils.
9. Le serviteur mit sa main sous la cuisse d'Abraham, son seigneur, et lui jura d'observer ces choses.
10. Le serviteur prit dix chameaux parmi les chameaux de son seigneur, et il partit, ayant à sa disposition tous les biens de son seigneur. Il se leva, et alla en Mésopotamie, à la ville de Nachor.
11. Il fit reposer les chameaux sur leurs genoux hors de la ville, près d'un puits, au temps du soir, au temps où sortent celles qui vont puiser de l'eau.
12. Et il dit : Éternel, Dieu de mon seigneur Abraham, fais-moi, je te prie, rencontrer aujourd'hui ce que je

désire, et use de bonté envers mon seigneur Abraham !
13. Voici, je me tiens près de la source d'eau, et les filles des gens de la ville vont sortir pour puiser l'eau.
14. Que la jeune fille à laquelle je dirai : Penche ta cruche, je te prie, pour que je boive, et qui répondra : Bois, et je donnerai aussi à boire à tes chameaux, soit celle que tu as destinée à ton serviteur Isaac ! Et par là je connaîtrai que tu uses de bonté envers mon seigneur.
15. Il n'avait pas encore fini de parler que sortit, sa cruche sur l'épaule, Rebecca, née de Bethuel, fils de Milca, femme de Nachor, frère d'Abraham.
16. C'était une jeune fille très belle de figure ; elle était vierge, et aucun homme ne l'avait connue. Elle descendit à la source, remplit sa cruche, et remonta.
17. Le serviteur courut au-devant d'elle, et dit : Laisse-moi boire, je te prie, un peu d'eau de ta cruche.
18. Elle répondit : Bois, mon seigneur. Et elle s'empressa d'abaisser sa cruche sur sa main, et de lui donner à boire.
19. Quand elle eut achevé de lui donner à boire, elle dit : Je puiserai aussi pour tes chameaux, jusqu'à ce qu'ils aient assez bu.
20. Et elle s'empressa de vider sa cruche dans l'abreuvoir, et courut encore au puits pour puiser ; et elle puisa pour tous les chameaux.
21. L'homme la regardait avec étonnement et sans rien dire, pour voir si l'Éternel faisait réussir son voyage, ou non.

22. Quand les chameaux eurent fini de boire, l'homme prit un anneau d'or, du poids d'un demi-sicle, et deux bracelets, du poids de dix sicles d'or.
23. Et il dit : De qui es-tu fille ? dis-le moi, je te prie. Y a-t-il dans la maison de ton père de la place pour passer la nuit ?
24. Elle répondit : Je suis fille de Bethuel, fils de Milca et de Nachor.
25. Elle lui dit encore : Il y a chez nous de la paille et du fourrage en abondance, et aussi de la place pour passer la nuit.
26. Alors l'homme s'inclina et se prosterna devant l'Éternel,
27. en disant : Béni soit l'Éternel, le Dieu de mon seigneur Abraham, qui n'a pas renoncé à sa miséricorde et à sa fidélité envers mon seigneur ! Moi-même, l'Éternel m'a conduit à la maison des frères de mon seigneur.
28. La jeune fille courut raconter ces choses à la maison de sa mère.
29. Rebecca avait un frère, nommé Laban. Et Laban courut dehors vers l'homme, près de la source.
30. Il avait vu l'anneau et les bracelets aux mains de sa sœur, et il avait entendu les paroles de Rebecca, sa sœur, disant : Ainsi m'a parlé l'homme. Il vint donc à cet homme qui se tenait auprès des chameaux, vers la source,
31. et il dit : Viens, béni de l'Éternel ! Pourquoi resterais-tu dehors ? J'ai préparé la maison, et une place pour les chameaux.

32. L'homme arriva à la maison. Laban fit décharger les chameaux, et il donna de la paille et du fourrage aux chameaux, et de l'eau pour laver les pieds de l'homme et les pieds des gens qui étaient avec lui.
33. Puis, il lui servit à manger. Mais il dit : Je ne mangerai point, avant d'avoir dit ce que j'ai à dire. Parle ! dit Laban.
34. Alors il dit : Je suis serviteur d'Abraham.
35. L'Éternel a comblé de bénédictions mon seigneur, qui est devenu puissant. Il lui a donné des brebis et des bœufs, de l'argent et de l'or, des serviteurs et des servantes, des chameaux et des ânes.
36. Sara, la femme de mon seigneur, a enfanté dans sa vieillesse un fils à mon seigneur ; et il lui a donné tout ce qu'il possède.
37. Mon seigneur m'a fait jurer, en disant : Tu ne prendras pas pour mon fils une femme parmi les filles des Cananéens, dans le pays desquels j'habite ;
38. mais tu iras dans la maison de mon père et de ma famille prendre une femme pour mon fils.
39. J'ai dit à mon seigneur : Peut-être la femme ne voudra-t-elle pas me suivre.
40. Et il m'a répondu : L'Éternel, devant qui j'ai marché, enverra son ange avec toi, et fera réussir ton voyage ; et tu prendras pour mon fils une femme de la famille et de la maison de mon père.
41. Tu seras dégagé du serment que tu me fais, quand tu auras été vers ma famille ; si on ne te l'accorde pas, tu seras dégagé du serment que tu me fais.

42. Je suis arrivé aujourd'hui à la source, et j'ai dit : Éternel, Dieu de mon seigneur Abraham, si tu daignes faire réussir le voyage que j'accomplis,
43. voici, je me tiens près de la source d'eau, et que la jeune fille qui sortira pour puiser, à qui je dirai : Laisse-moi boire, je te prie, un peu d'eau de ta cruche, et qui me répondra :
44. Bois toi-même, et je puiserai aussi pour tes chameaux, que cette jeune fille soit la femme que l'Éternel a destinée au fils de mon seigneur !
45. Avant que j'eusse fini de parler en mon cœur, voici, Rebecca est sortie, sa cruche sur l'épaule ; elle est descendue à la source, et a puisé. Je lui ai dit : Donne-moi à boire, je te prie.
46. Elle s'est empressée d'abaisser sa cruche de dessus son épaule, et elle a dit : Bois, et je donnerai aussi à boire à tes chameaux. J'ai bu, et elle a aussi donné à boire à mes chameaux.
47. Je l'ai interrogée, et j'ai dit : De qui es-tu fille ? Elle a répondu : Je suis fille de Bethuel, fils de Nachor et de Milca. J'ai mis l'anneau à son nez, et les bracelets à ses mains.
48. Puis je me suis incliné et prosterné devant l'Éternel, et j'ai béni L'Éternel, le Dieu de mon seigneur Abraham, qui m'a conduit fidèlement, afin que je prisse la fille du frère de mon seigneur pour son fils.
49. Maintenant, si vous voulez user de bienveillance et de fidélité envers mon seigneur, déclarez-le-moi ; sinon,

déclarez-le-moi, et je me tournerai à droite ou à gauche.

50. Laban et Bethuel répondirent, et dirent : C'est de l'Éternel que la chose vient ; nous ne pouvons te parler ni en mal ni en bien.
51. Voici Rebecca devant toi ; prends et va, et qu'elle soit la femme du fils de ton seigneur, comme l'Éternel l'a dit.
52. Lorsque le serviteur d'Abraham eut entendu leurs paroles, il se prosterna en terre devant l'Éternel.
53. Et le serviteur sortit des objets d'argent, des objets d'or, et des vêtements, qu'il donna à Rebecca ; il fit aussi de riches présents à son frère et à sa mère.
54. Après quoi, ils mangèrent et burent, lui et les gens qui étaient avec lui, et ils passèrent la nuit. Le matin, quand ils furent levés, le serviteur dit : Laissez-moi retourner vers mon seigneur.
55. Le frère et la mère dirent : Que la jeune fille reste avec nous quelque temps encore, une dizaine de jours ; ensuite, tu partiras.
56. Il leur répondit : Ne me retardez pas, puisque l'Éternel a fait réussir mon voyage ; laissez-moi partir, et que j'aille vers mon seigneur.
57. Alors ils répondirent : Appelons la jeune fille et consultons-la.
58. Ils appelèrent donc Rebecca, et lui dirent : Veux-tu aller avec cet homme ? Elle répondit : J'irai.
59. Et ils laissèrent partir Rebecca, leur sœur, et sa nourrice, avec le serviteur d'Abraham et ses gens.

60. Ils bénirent Rebecca, et lui dirent :
Ô notre sœur, puisse-tu devenir
des milliers de myriades,
et que ta postérité possède
la porte de ses ennemis !
61. Rebecca se leva, avec ses servantes ; elles montèrent sur les chameaux, et suivirent l'homme. Et le serviteur emmena Rebecca, et partit.
62. Cependant Isaac était revenu du puits de Lachaï roï, et il habitait dans le pays du midi.
63. Un soir qu'Isaac était sorti pour méditer dans les champs, il leva les yeux, et regarda ; et voici, des chameaux arrivaient.
64. Rebecca leva aussi les yeux, vit Isaac, et descendit de son chameau.
65. Elle dit au serviteur : Qui est cet homme, qui vient dans les champs à notre rencontre ? Et le serviteur répondit : C'est mon seigneur. Alors elle prit son voile, et se couvrit.
66. Le serviteur raconta à Isaac toutes les choses qu'il avait faites.
67. Isaac conduisit Rebecca dans la tente de Sara, sa mère ; il prit Rebecca, qui devint sa femme, et il l'aima. Ainsi fut consolé Isaac, après avoir perdu sa mère.

Genèse 25

1. Abraham prit encore une femme, nommée Ketura.
2. Elle lui enfanta Zimran, Jokschan, Medan, Madian, Jischbak et Schuach.
3. Jokschan engendra Séba et Dedan. Les fils de Dedan furent les Aschurim, les Letuschim et les Leummim.
4. Les fils de Madian furent Épha, Épher, Hénoc, Abida et Eldaa. Ce sont là tous les fils de Ketura.
5. Abraham donna tous ses biens à Isaac.
6. Il fit des dons aux fils de ses concubines ; et, tandis qu'il vivait encore, il les envoya loin de son fils Isaac du côté de l'orient, dans le pays d'Orient.
7. Voici les jours des années de la vie d'Abraham : il vécut cent soixante-quinze ans.
8. Abraham expira et mourut, après une heureuse vieillesse, âgé et rassasié de jours, et il fut recueilli auprès de son peuple.
9. Isaac et Ismaël, ses fils, l'enterrèrent dans la caverne de Macpéla, dans le champ d'Éphron, fils de Tsochar, le Héthien, vis-à-vis de Mamré.
10. C'est le champ qu'Abraham avait acquis des fils de Heth. Là furent enterrés Abraham et Sara, sa femme.
11. Après la mort d'Abraham, Dieu bénit Isaac, son fils. Il habitait près du puits de Lachaï roï.
12. Voici la postérité d'Ismaël, fils d'Abraham, qu'Agar, l'Égyptienne, servante de Sara, avait enfanté à Abraham.

13. Voici les noms des fils d'Ismaël, par leurs noms, selon leurs générations : Nebajoth, premier-né d'Ismaël, Kédar, Adbeel, Mibsam,
14. Mischma, Duma, Massa,
15. Hadad, Théma, Jethur, Naphisch et Kedma.
16. Ce sont là les fils d'Ismaël ; ce sont là leurs noms, selon leurs parcs et leurs enclos. Ils furent les douze chefs de leurs peuples.
17. Et voici les années de la vie d'Ismaël : cent trente-sept ans. Il expira et mourut, et il fut recueilli auprès de son peuple.
18. Ses fils habitèrent depuis Havila jusqu'à Schur, qui est en face de l'Égypte, en allant vers l'Assyrie. Il s'établit en présence de tous ses frères.
19. Voici la postérité d'Isaac, fils d'Abraham.
20. Abraham engendra Isaac. Isaac était âgé de quarante ans, quand il prit pour femme Rebecca, fille de Bethuel, l'Araméen, de Paddan Aram, et sœur de Laban, l'Araméen.
21. Isaac implora l'Éternel pour sa femme, car elle était stérile, et l'Éternel l'exauça : Rebecca, sa femme, devint enceinte.
22. Les enfants se heurtaient dans son sein ; et elle dit : S'il en est ainsi, pourquoi suis-je enceinte ? Elle alla consulter l'Éternel.
23. Et l'Éternel lui dit :
Deux nations sont dans ton ventre,
et deux peuples se sépareront au sortir de tes entrailles ;

un de ces peuples sera plus fort que l'autre,
et le plus grand sera assujetti au plus petit.
24. Les jours où elle devait accoucher s'accomplirent ; et voici, il y avait deux jumeaux dans son ventre.
25. Le premier sortit entièrement roux, comme un manteau de poil ; et on lui donna le nom d'Ésaü.
26. Ensuite sortit son frère, dont la main tenait le talon d'Ésaü ; et on lui donna le nom de Jacob. Isaac était âgé de soixante ans, lorsqu'ils naquirent.
27. Ces enfants grandirent. Ésaü devint un habile chasseur, un homme des champs ; mais Jacob fut un homme tranquille, qui restait sous les tentes.
28. Isaac aimait Ésaü, parce qu'il mangeait du gibier ; et Rebecca aimait Jacob.
29. Comme Jacob faisait cuire un potage, Ésaü revint des champs, accablé de fatigue.
30. Et Ésaü dit à Jacob : Laisse-moi, je te prie, manger de ce roux, de ce roux-là, car je suis fatigué. C'est pour cela qu'on a donné à Ésaü le nom d'Édom.
31. Jacob dit : Vends-moi aujourd'hui ton droit d'aînesse.
32. Ésaü répondit : Voici, je m'en vais mourir ; à quoi me sert ce droit d'aînesse ?
33. Et Jacob dit : Jure-le moi d'abord. Il le lui jura, et il vendit son droit d'aînesse à Jacob.
34. Alors Jacob donna à Ésaü du pain et du potage de lentilles. Il mangea et but, puis se leva et s'en alla. C'est ainsi qu'Ésaü méprisa le droit d'aînesse.

Genèse 26

1. Il y eut une famine dans le pays, outre la première famine qui eut lieu du temps d'Abraham ; et Isaac alla vers Abimélec, roi des Philistins, à Guérar.
2. L'Éternel lui apparut, et dit : Ne descends pas en Égypte, demeure dans le pays que je te dirai.
3. Séjourne dans ce pays-ci : je serai avec toi, et je te bénirai, car je donnerai toutes ces contrées à toi et à ta postérité, et je tiendrai le serment que j'ai fait à Abraham, ton père.
4. Je multiplierai ta postérité comme les étoiles du ciel ; je donnerai à ta postérité toutes ces contrées ; et toutes les nations de la terre seront bénies en ta postérité,
5. parce qu'Abraham a obéi à ma voix, et qu'il a observé mes ordres, mes commandements, mes statuts et mes lois.
6. Et Isaac resta à Guérar.
7. Lorsque les gens du lieu faisaient des questions sur sa femme, il disait : C'est ma sœur ; car il craignait, en disant ma femme, que les gens du lieu ne le tuassent, parce que Rebecca était belle de figure.
8. Comme son séjour se prolongeait, il arriva qu'Abimélec, roi des Philistins, regardant par la fenêtre, vit Isaac qui plaisantait avec Rebecca, sa femme.
9. Abimélec fit appeler Isaac, et dit : Certainement, c'est ta femme. Comment as-tu pu dire : C'est ma sœur ?

Isaac lui répondit : J'ai parlé ainsi, de peur de mourir à cause d'elle.

10. Et Abimélec dit : Qu'est-ce que tu nous as fait ? Peu s'en est fallu que quelqu'un du peuple n'ait couché avec ta femme, et tu nous aurais rendus coupables.
11. Alors Abimélec fit cette ordonnance pour tout le peuple : Celui qui touchera à cet homme ou à sa femme sera mis à mort.
12. Isaac sema dans ce pays, et il recueillit cette année le centuple ; car l'Éternel le bénit.
13. Cet homme devint riche, et il alla s'enrichissant de plus en plus, jusqu'à ce qu'il devint fort riche.
14. Il avait des troupeaux de menu bétail et des troupeaux de gros bétail, et un grand nombre de serviteurs : aussi les Philistins lui portèrent envie.
15. Tous les puits qu'avaient creusés les serviteurs de son père, du temps d'Abraham, son père, les Philistins les comblèrent et les remplirent de poussière.
16. Et Abimélec dit à Isaac : Va-t-en de chez nous, car tu es beaucoup plus puissant que nous.
17. Isaac partit de là, et campa dans la vallée de Guérar, où il s'établit.
18. Isaac creusa de nouveau les puits d'eau qu'on avait creusés du temps d'Abraham, son père, et qu'avaient comblés les Philistins après la mort d'Abraham ; et il leur donna les mêmes noms que son père leur avait donnés.
19. Les serviteurs d'Isaac creusèrent encore dans la vallée, et y trouvèrent un puits d'eau vive.

20. Les bergers de Guérar querellèrent les bergers d'Isaac, en disant : L'eau est à nous. Et il donna au puits le nom d'Ések, parce qu'ils s'étaient disputés avec lui.
21. Ses serviteurs creusèrent un autre puits, au sujet duquel on chercha aussi une querelle ; et il l'appela Sitna.
22. Il se transporta de là, et creusa un autre puits, pour lequel on ne chercha pas querelle ; et il l'appela Rehoboth, car, dit-il, l'Éternel nous a maintenant mis au large, et nous prospérerons dans le pays.
23. Il remonta de là à Beer Schéba.
24. L'Éternel lui apparut dans la nuit, et dit :
Je suis le Dieu d'Abraham, ton père ;
ne crains point, car je suis avec toi ;
je te bénirai, et je multiplierai ta postérité,
à cause d'Abraham, mon serviteur.
25. Il bâtit là un autel, invoqua le nom de l'Éternel, et y dressa sa tente. Et les serviteurs d'Isaac y creusèrent un puits.
26. Abimélec vint de Guérar auprès de lui, avec Ahuzath, son ami, et Picol, chef de son armée.
27. Isaac leur dit : Pourquoi venez-vous vers moi, puisque vous me haïssez et que vous m'avez renvoyé de chez vous ?
28. Ils répondirent : Nous voyons que l'Éternel est avec toi. C'est pourquoi nous disons : Qu'il y ait un serment entre nous, entre nous et toi, et que nous fassions alliance avec toi !
29. Jure que tu ne nous feras aucun mal, de même que nous ne t'avons point maltraité, que nous t'avons fait

seulement du bien, et que nous t'avons laissé partir en paix. Tu es maintenant béni de l'Éternel.
30. Isaac leur fit un festin, et ils mangèrent et burent.
31. Ils se levèrent de bon matin, et se lièrent l'un à l'autre par un serment. Isaac les laissa partir, et ils le quittèrent en paix.
32. Ce même jour, des serviteurs d'Isaac vinrent lui parler du puits qu'ils creusaient, et lui dirent : Nous avons trouvé de l'eau.
33. Et il l'appela Schiba. C'est pourquoi on a donné à la ville le nom de Beer Schéba, jusqu'à ce jour.
34. Ésaü, âgé de quarante ans, prit pour femmes Judith, fille de Beéri, le Héthien, et Basmath, fille d'Élon, le Héthien.
35. Elles furent un sujet d'amertume pour le cœur d'Isaac et de Rebecca.

Genèse 27

1. Isaac devenait vieux, et ses yeux s'étaient affaiblis au point qu'il ne voyait plus. Alors il appela Ésaü, son fils aîné, et lui dit : Mon fils ! Et il lui répondit : Me voici !
2. Isaac dit : Voici donc, je suis vieux, je ne connais pas le jour de ma mort.

3. Maintenant donc, je te prie, prends tes armes, ton carquois et ton arc, va dans les champs, et chasse-moi du gibier.
4. Fais-moi un mets comme j'aime, et apporte-le-moi à manger, afin que mon âme te bénisse avant que je meure.
5. Rebecca écouta ce qu'Isaac disait à Ésaü, son fils. Et Ésaü s'en alla dans les champs, pour chasser du gibier et pour le rapporter.
6. Puis Rebecca dit à Jacob, son fils : Voici, j'ai entendu ton père qui parlait ainsi à Ésaü, ton frère :
7. Apporte-moi du gibier et fais-moi un mets que je mangerai ; et je te bénirai devant l'Éternel avant ma mort.
8. Maintenant, mon fils, écoute ma voix à l'égard de ce que je te commande.
9. Va me prendre au troupeau deux bons chevreaux ; j'en ferai pour ton père un mets comme il aime ;
10. et tu le porteras à manger à ton père, afin qu'il te bénisse avant sa mort.
11. Jacob répondit à sa mère : Voici, Ésaü, mon frère, est velu, et je n'ai point de poil.
12. Peut-être mon père me touchera-t-il, et je passerai à ses yeux pour un menteur, et je ferai venir sur moi la malédiction, et non la bénédiction.
13. Sa mère lui dit : Que cette malédiction, mon fils, retombe sur moi ! Écoute seulement ma voix, et va me les prendre.

14. Jacob alla les prendre, et les apporta à sa mère, qui fit un mets comme son père aimait.
15. Ensuite, Rebecca prit les vêtements d'Ésaü, son fils aîné, les plus beaux qui se trouvaient à la maison, et elle les fit mettre à Jacob, son fils cadet.
16. Elle couvrit ses mains de la peau des chevreaux, et son cou qui était sans poil.
17. Et elle plaça dans la main de Jacob, son fils, le mets et le pain qu'elle avait préparés.
18. Il vint vers son père, et dit : Mon père ! Et Isaac dit : Me voici ! qui es-tu, mon fils ?
19. Jacob répondit à son père : Je suis Ésaü, ton fils aîné ; j'ai fait ce que tu m'as dit. Lève-toi, je te prie, assieds-toi, et mange de mon gibier, afin que ton âme me bénisse.
20. Isaac dit à son fils : Eh quoi ! tu en as déjà trouvé, mon fils ! Et Jacob répondit : C'est que l'Éternel, ton Dieu, l'a fait venir devant moi.
21. Isaac dit à Jacob : Approche donc, et que je te touche, mon fils, pour savoir si tu es mon fils Ésaü, ou non.
22. Jacob s'approcha d'Isaac, son père, qui le toucha, et dit : La voix est la voix de Jacob, mais les mains sont les mains d'Ésaü.
23. Il ne le reconnut pas, parce que ses mains étaient velues, comme les mains d'Ésaü, son frère ; et il le bénit.
24. Il dit : C'est toi qui es mon fils Ésaü ? Et Jacob répondit : C'est moi.

25. Isaac dit : Sers-moi, et que je mange du gibier de mon fils, afin que mon âme te bénisse. Jacob le servit, et il mangea ; il lui apporta aussi du vin, et il but.
26. Alors Isaac, son père, lui dit : Approche donc, et baise-moi, mon fils.
27. Jacob s'approcha, et le baisa. Isaac sentit l'odeur de ses vêtements ; puis il le bénit, et dit :
Voici, l'odeur de mon fils
est comme l'odeur d'un champ que l'Éternel a béni.
28. Que Dieu te donne
de la rosée du ciel
et de la graisse de la terre,
du blé et du vin en abondance !
29. Que des peuples te soient soumis,
et que des nations se prosternent devant toi !
Sois le maître de tes frères,
et que les fils de ta mère se prosternent devant toi !
Maudit soit quiconque te maudira,
et béni soit quiconque te bénira.
30. Isaac avait fini de bénir Jacob, et Jacob avait à peine quitté son père Isaac, qu'Ésaü, son frère, revint de la chasse.
31. Il fit aussi un mets, qu'il porta à son père ; et il dit à son père : Que mon père se lève et mange du gibier de son fils, afin que ton âme me bénisse !
32. Isaac, son père, lui dit : Qui es-tu ? Et il répondit : Je suis ton fils aîné, Ésaü.
33. Isaac fut saisi d'une grande, d'une violente émotion, et il dit : Qui est donc celui qui a chassé du gibier, et me

l'a apporté ? J'ai mangé de tout avant que tu vinsses, et je l'ai béni. Aussi sera-t-il béni.

34. Lorsque Ésaü entendit les paroles de son père, il poussa de forts cris, pleins d'amertume, et il dit à son père : Bénis-moi aussi, mon père !
35. Isaac dit : Ton frère est venu avec ruse, et il a enlevé ta bénédiction.
36. Ésaü dit : Est-ce parce qu'on l'a appelé du nom de Jacob qu'il m'a supplanté deux fois ? Il a enlevé mon droit d'aînesse, et voici maintenant qu'il vient d'enlever ma bénédiction. Et il dit : N'as-tu point réservé de bénédiction pour moi ?
37. Isaac répondit, et dit à Ésaü : Voici, je l'ai établi ton maître, et je lui ai donné tous ses frères pour serviteurs, je l'ai pourvu de blé et de vin : que puis-je donc faire pour toi, mon fils ?
38. Ésaü dit à son père : N'as-tu que cette seule bénédiction, mon père ? Bénis-moi aussi, mon père ! Et Ésaü éleva la voix, et pleura.
39. Isaac, son père, répondit, et lui dit :
Voici ! Ta demeure sera privée
de la graisse de la terre
et de la rosée du ciel, d'en haut.
40. Tu vivras de ton épée,
et tu seras asservi à ton frère ;
mais en errant librement çà et là,
tu briseras son joug de dessus ton cou.
41. Ésaü conçut de la haine contre Jacob, à cause de la bénédiction dont son père l'avait béni ; et Ésaü disait

en son cœur : Les jours du deuil de mon père vont approcher, et je tuerai Jacob, mon frère.

42. On rapporta à Rebecca les paroles d'Ésaü, son fils aîné. Elle fit alors appeler Jacob, son fils cadet, et elle lui dit : Voici, Ésaü, ton frère, veut tirer vengeance de toi, en te tuant.
43. Maintenant, mon fils, écoute ma voix ! Lève-toi, fuis chez Laban, mon frère, à Charan ;
44. et reste auprès de lui quelque temps,
45. jusqu'à ce que la fureur de ton frère s'apaise, jusqu'à ce que la colère de ton frère se détourne de toi, et qu'il oublie ce que tu lui as fait. Alors je te ferai revenir. Pourquoi serais-je privée de vous deux en un même jour ?
46. Rebecca dit à Isaac : Je suis dégoûtée de la vie, à cause des filles de Heth. Si Jacob prend une femme, comme celles-ci, parmi les filles de Heth, parmi les filles du pays, à quoi me sert la vie ?

Genèse 28

1. Isaac appela Jacob, le bénit, et lui donna cet ordre : Tu ne prendras pas une femme parmi les filles de Canaan.
2. Lève-toi, va à Paddan Aram, à la maison de Bethuel, père de ta mère, et prends-y une femme d'entre les

filles de Laban, frère de ta mère.
3. Que le Dieu tout puissant te bénisse, te rende fécond et te multiplie, afin que tu deviennes une multitude de peuples !
4. Qu'il te donne la bénédiction d'Abraham, à toi et à ta postérité avec toi, afin que tu possèdes le pays où tu habites comme étranger, et qu'il a donné à Abraham !
5. Et Isaac fit partir Jacob, qui s'en alla à Paddan Aram, auprès de Laban, fils de Bethuel, l'Araméen, frère de Rebecca, mère de Jacob et d'Ésaü.
6. Ésaü vit qu'Isaac avait béni Jacob, et qu'il l'avait envoyé à Paddan Aram pour y prendre une femme, et qu'en le bénissant il lui avait donné cet ordre : Tu ne prendras pas une femme parmi les filles de Canaan.
7. Il vit que Jacob avait obéi à son père et à sa mère, et qu'il était parti pour Paddan Aram.
8. Ésaü comprit ainsi que les filles de Canaan déplaisaient à Isaac, son père.
9. Et Ésaü s'en alla vers Ismaël. Il prit pour femme, outre les femmes qu'il avait, Mahalath, fille d'Ismaël, fils d'Abraham, et sœur de Nebajoth.
10. Jacob partit de Beer Schéba, et s'en alla à Charan.
11. Il arriva dans un lieu où il passa la nuit ; car le soleil était couché. Il y prit une pierre, dont il fit son chevet, et il se coucha dans ce lieu-là.
12. Il eut un songe. Et voici, une échelle était appuyée sur la terre, et son sommet touchait au ciel. Et voici, les anges de Dieu montaient et descendaient par cette échelle.

13. Et voici, l'Éternel se tenait au-dessus d'elle ; et il dit : Je suis l'Éternel, le Dieu d'Abraham, ton père, et le Dieu d'Isaac. La terre sur laquelle tu es couché, je la donnerai à toi et à ta postérité.
14. Ta postérité sera comme la poussière de la terre ; tu t'étendras à l'occident et à l'orient, au septentrion et au midi ; et toutes les familles de la terre seront bénies en toi et en ta postérité.
15. Voici, je suis avec toi, je te garderai partout où tu iras, et je te ramènerai dans ce pays ; car je ne t'abandonnerai point, que je n'aie exécuté ce que je te dis.
16. Jacob s'éveilla de son sommeil et il dit : Certainement, l'Éternel est en ce lieu, et moi, je ne le savais pas !
17. Il eut peur, et dit : Que ce lieu est redoutable ! C'est ici la maison de Dieu, c'est ici la porte des cieux !
18. Et Jacob se leva de bon matin ; il prit la pierre dont il avait fait son chevet, il la dressa pour monument, et il versa de l'huile sur son sommet.
19. Il donna à ce lieu le nom de Béthel ; mais la ville s'appelait auparavant Luz.
20. Jacob fit un vœu, en disant : Si Dieu est avec moi et me garde pendant ce voyage que je fais, s'il me donne du pain à manger et des habits pour me vêtir,
21. et si je retourne en paix à la maison de mon père, alors l'Éternel sera mon Dieu ;
22. cette pierre, que j'ai dressée pour monument, sera la maison de Dieu ; et je te donnerai la dîme de tout ce que tu me donneras.

Genèse 29

1. Jacob se mit en marche, et s'en alla au pays des fils de l'Orient.
2. Il regarda. Et voici, il y avait un puits dans les champs ; et voici, il y avait à côté trois troupeaux de brebis qui se reposaient, car c'était à ce puits qu'on abreuvait les troupeaux. Et la pierre sur l'ouverture du puits était grande.
3. Tous les troupeaux se rassemblaient là ; on roulait la pierre de dessus l'ouverture du puits, on abreuvait les troupeaux, et l'on remettait la pierre à sa place sur l'ouverture du puits.
4. Jacob dit aux bergers : Mes frères, d'où êtes-vous ? Ils répondirent : Nous sommes de Charan.
5. Il leur dit : Connaissez-vous Laban, fils de Nachor ? Ils répondirent : Nous le connaissons.
6. Il leur dit : Est-il en bonne santé ? Ils répondirent : Il est en bonne santé ; et voici Rachel, sa fille, qui vient avec le troupeau.
7. Il dit : Voici, il est encore grand jour, et il n'est pas temps de rassembler les troupeaux ; abreuvez les brebis, puis allez, et faites-les paître.
8. Ils répondirent : Nous ne le pouvons pas, jusqu'à ce que tous les troupeaux soient rassemblés ; c'est alors

qu'on roule la pierre de dessus l'ouverture du puits, et qu'on abreuve les brebis.

9. Comme il leur parlait encore, survint Rachel avec le troupeau de son père ; car elle était bergère.
10. Lorsque Jacob vit Rachel, fille de Laban, frère de sa mère, et le troupeau de Laban, frère de sa mère, il s'approcha, roula la pierre de dessus l'ouverture du puits, et abreuva le troupeau de Laban, frère de sa mère.
11. Et Jacob baisa Rachel, il éleva la voix et pleura.
12. Jacob apprit à Rachel qu'il était parent de son père, qu'il était fils de Rebecca. Et elle courut l'annoncer à son père.
13. Dès que Laban eut entendu parler de Jacob, fils de sa sœur, il courut au-devant de lui, il l'embrassa et le baisa, et il le fit venir dans sa maison. Jacob raconta à Laban toutes ces choses.
14. Et Laban lui dit : Certainement, tu es mon os et ma chair. Jacob demeura un mois chez Laban.
15. Puis Laban dit à Jacob : Parce que tu es mon parent, me serviras-tu pour rien ? Dis-moi quel sera ton salaire.
16. Or, Laban avait deux filles : l'aînée s'appelait Léa, et la cadette Rachel.
17. Léa avait les yeux délicats ; mais Rachel était belle de taille et belle de figure.
18. Jacob aimait Rachel, et il dit : Je te servirai sept ans pour Rachel, ta fille cadette.

19. Et Laban dit : J'aime mieux te la donner que de la donner à un autre homme. Reste chez moi !
20. Ainsi Jacob servit sept années pour Rachel : et elles furent à ses yeux comme quelques jours, parce qu'il l'aimait.
21. Ensuite Jacob dit à Laban : Donne-moi ma femme, car mon temps est accompli : et j'irai vers elle.
22. Laban réunit tous les gens du lieu, et fit un festin.
23. Le soir, il prit Léa, sa fille, et l'amena vers Jacob, qui s'approcha d'elle.
24. Et Laban donna pour servante à Léa, sa fille, Zilpa, sa servante.
25. Le lendemain matin, voilà que c'était Léa. Alors Jacob dit à Laban : Qu'est-ce que tu m'as fait ? N'est-ce pas pour Rachel que j'ai servi chez toi ? Pourquoi m'as-tu trompé ?
26. Laban dit : Ce n'est point la coutume dans ce lieu de donner la cadette avant l'aînée.
27. Achève la semaine avec celle-ci, et nous te donnerons aussi l'autre pour le service que tu feras encore chez moi pendant sept nouvelles années.
28. Jacob fit ainsi, et il acheva la semaine avec Léa ; puis Laban lui donna pour femme Rachel, sa fille.
29. Et Laban donna pour servante à Rachel, sa fille, Bilha, sa servante.
30. Jacob alla aussi vers Rachel, qu'il aimait plus que Léa ; et il servit encore chez Laban pendant sept nouvelles années.

31. L'Éternel vit que Léa n'était pas aimée ; et il la rendit féconde, tandis que Rachel était stérile.
32. Léa devint enceinte, et enfanta un fils, à qui elle donna le nom de Ruben ; car elle dit : L'Éternel a vu mon humiliation, et maintenant mon mari m'aimera.
33. Elle devint encore enceinte, et enfanta un fils, et elle dit : L'Éternel a entendu que je n'étais pas aimée, et il m'a aussi accordé celui-ci. Et elle lui donna le nom de Siméon.
34. Elle devint encore enceinte, et enfanta un fils, et elle dit : Pour cette fois, mon mari s'attachera à moi ; car je lui ai enfanté trois fils. C'est pourquoi on lui donna le nom de Lévi.
35. Elle devint encore enceinte, et enfanta un fils, et elle dit : Cette fois, je louerai l'Éternel. C'est pourquoi elle lui donna le nom de Juda. Et elle cessa d'enfanter.

Genèse 30

1. Lorsque Rachel vit qu'elle ne donnait point d'enfants à Jacob, elle porta envie à sa sœur, et elle dit à Jacob : Donne-moi des enfants, ou je meurs !
2. La colère de Jacob s'enflamma contre Rachel, et il dit : Suis-je à la place de Dieu, qui t'empêche d'être féconde ?

3. Elle dit : Voici ma servante Bilha ; va vers elle ; qu'elle enfante sur mes genoux, et que par elle j'aie aussi des fils.
4. Et elle lui donna pour femme Bilha, sa servante ; et Jacob alla vers elle.
5. Bilha devint enceinte, et enfanta un fils à Jacob.
6. Rachel dit : Dieu m'a rendu justice, il a entendu ma voix, et il m'a donné un fils. C'est pourquoi elle l'appela du nom de Dan.
7. Bilha, servante de Rachel, devint encore enceinte, et enfanta un second fils à Jacob.
8. Rachel dit : J'ai lutté divinement contre ma sœur, et j'ai vaincu. Et elle l'appela du nom de Nephthali.
9. Léa voyant qu'elle avait cessé d'enfanter, prit Zilpa, sa servante, et la donna pour femme à Jacob.
10. Zilpa, servante de Léa, enfanta un fils à Jacob.
11. Léa dit : Quel bonheur ! Et elle l'appela du nom de Gad.
12. Zilpa, servante de Léa, enfanta un second fils à Jacob.
13. Léa dit : Que je suis heureuse ! car les filles me diront heureuse. Et elle l'appela du nom d'Aser.
14. Ruben sortit au temps de la moisson des blés, et trouva des mandragores dans les champs. Il les apporta à Léa, sa mère. Alors Rachel dit à Léa : Donne moi, je te prie, des mandragores de ton fils.
15. Elle lui répondit : Est-ce peu que tu aies pris mon mari, pour que tu prennes aussi les mandragores de mon fils ? Et Rachel dit : Eh bien ! il couchera avec toi cette nuit pour les mandragores de ton fils.

16. Le soir, comme Jacob revenait des champs, Léa sortit à sa rencontre, et dit : C'est vers moi que tu viendras, car je t'ai acheté pour les mandragores de mon fils. Et il coucha avec elle cette nuit.
17. Dieu exauça Léa, qui devint enceinte, et enfanta un cinquième fils à Jacob.
18. Léa dit : Dieu m'a donné mon salaire parce que j'ai donné ma servante à mon mari. Et elle l'appela du nom d'Issacar.
19. Léa devint encore enceinte, et enfanta un sixième fils à Jacob.
20. Léa dit : Dieu m'a fait un beau don ; cette fois, mon mari habitera avec moi, car je lui ai enfanté six fils. Et elle l'appela du nom de Zabulon.
21. Ensuite, elle enfanta une fille, qu'elle appela du nom de Dina.
22. Dieu se souvint de Rachel, il l'exauça, et il la rendit féconde.
23. Elle devint enceinte, et enfanta un fils, et elle dit : Dieu a enlevé mon opprobre.
24. Et elle lui donna le nom de Joseph, en disant : Que l'Éternel m'ajoute un autre fils !
25. Lorsque Rachel eut enfanté Joseph, Jacob dit à Laban : Laisse-moi partir, pour que je m'en aille chez moi, dans mon pays.
26. Donne-moi mes femmes et mes enfants, pour lesquels je t'ai servi, et je m'en irai ; car tu sais quel service j'ai fait pour toi.

27. Laban lui dit : Puissé-je trouver grâce à tes yeux ! Je vois bien que l'Éternel m'a béni à cause de toi ;
28. fixe-moi ton salaire, et je te le donnerai.
29. Jacob lui dit : Tu sais comment je t'ai servi, et ce qu'est devenu ton troupeau avec moi ;
30. car le peu que tu avais avant moi s'est beaucoup accru, et l'Éternel t'a béni sur mes pas. Maintenant, quand travaillerai-je aussi pour ma maison ?
31. Laban dit : Que te donnerai-je ? Et Jacob répondit : Tu ne me donneras rien. Si tu consens à ce que je vais te dire, je ferai paître encore ton troupeau, et je le garderai.
32. Je parcourrai aujourd'hui tout ton troupeau ; mets à part parmi les brebis tout agneau tacheté et marqueté et tout agneau noir, et parmi les chèvres tout ce qui est marqueté et tacheté. Ce sera mon salaire.
33. Ma droiture répondra pour moi demain, quand tu viendras voir mon salaire ; tout ce qui ne sera pas tacheté et marqueté parmi les chèvres, et noir parmi les agneaux, ce sera de ma part un vol.
34. Laban dit : Eh bien ! qu'il en soit selon ta parole.
35. Ce même jour, il mit à part les boucs rayés et marquetés, toutes les chèvres tachetées et marquetées, toutes celles où il y avait du blanc, et tout ce qui était noir parmi les brebis. Il les remit entre les mains de ses fils.
36. Puis il mit l'espace de trois journées de chemin entre lui et Jacob ; et Jacob fit paître le reste du troupeau de Laban.

37. Jacob prit des branches vertes de peuplier, d'amandier et de platane ; il y pela des bandes blanches, mettant à nu le blanc qui était sur les branches.
38. Puis il plaça les branches, qu'il avait pelées, dans les auges, dans les abreuvoirs, sous les yeux des brebis qui venaient boire, pour qu'elles entrassent en chaleur en venant boire.
39. Les brebis entraient en chaleur près des branches, et elles faisaient des petits rayés, tachetés et marquetés.
40. Jacob séparait les agneaux, et il mettait ensemble ce qui était rayé et tout ce qui était noir dans le troupeau de Laban. Il se fit ainsi des troupeaux à part, qu'il ne réunit point au troupeau de Laban.
41. Toutes les fois que les brebis vigoureuses entraient en chaleur, Jacob plaçait les branches dans les auges, sous les yeux des brebis, pour qu'elles entrassent en chaleur près des branches.
42. Quand les brebis étaient chétives, il ne les plaçait point ; de sorte que les chétives étaient pour Laban, et les vigoureuses pour Jacob.
43. Cet homme devint de plus en plus riche ; il eut du menu bétail en abondance, des servantes et des serviteurs, des chameaux et des ânes.

Genèse 31

1. Jacob entendit les propos des fils de Laban, qui disaient : Jacob a pris tout ce qui était à notre père, et c'est avec le bien de notre père qu'il s'est acquis toute cette richesse.
2. Jacob remarqua aussi le visage de Laban ; et voici, il n'était plus envers lui comme auparavant.
3. Alors l'Éternel dit à Jacob : Retourne au pays de tes pères et dans ton lieu de naissance, et je serai avec toi.
4. Jacob fit appeler Rachel et Léa, qui étaient aux champs vers son troupeau.
5. Il leur dit : Je vois, au visage de votre père, qu'il n'est plus envers moi comme auparavant ; mais le Dieu de mon père a été avec moi.
6. Vous savez vous-mêmes que j'ai servi votre père de tout mon pouvoir.
7. Et votre père s'est joué de moi, et a changé dix fois mon salaire ; mais Dieu ne lui a pas permis de me faire du mal.
8. Quand il disait : Les tachetés seront ton salaire, toutes les brebis faisaient des petits tachetés. Et quand il disait : Les rayés seront ton salaire, toutes les brebis faisaient des petits rayés.
9. Dieu a pris à votre père son troupeau, et me l'a donné.
10. Au temps où les brebis entraient en chaleur, je levai les yeux, et je vis en songe que les boucs qui couvraient les brebis étaient rayés, tachetés et marquetés.
11. Et l'ange de Dieu me dit en songe : Jacob ! Je répondis : Me voici !

12. Il dit : Lève les yeux, et regarde : tous les boucs qui couvrent les brebis sont rayés, tachetés et marquetés ; car j'ai vu tout ce que te fait Laban.
13. Je suis le Dieu de Béthel, où tu as oint un monument, où tu m'as fait un vœu. Maintenant, lève-toi, sors de ce pays, et retourne au pays de ta naissance.
14. Rachel et Léa répondirent, et lui dirent : Avons-nous encore une part et un héritage dans la maison de notre père ?
15. Ne sommes-nous pas regardées par lui comme des étrangères, puisqu'il nous a vendues, et qu'il a mangé notre argent ?
16. Toute la richesse que Dieu a ôtée à notre père appartient à nous et à nos enfants. Fais maintenant tout ce que Dieu t'a dit.
17. Jacob se leva, et il fit monter ses enfants et ses femmes sur les chameaux.
18. Il emmena tout son troupeau et tous les biens qu'il possédait, le troupeau qui lui appartenait, qu'il avait acquis à Paddan Aram ; et il s'en alla vers Isaac, son père, au pays de Canaan.
19. Tandis que Laban était allé tondre ses brebis, Rachel déroba les théraphim de son père ;
20. et Jacob trompa Laban, l'Araméen, en ne l'avertissant pas de sa fuite.
21. Il s'enfuit, avec tout ce qui lui appartenait ; il se leva, traversa le fleuve, et se dirigea vers la montagne de Galaad.

22. Le troisième jour, on annonça à Laban que Jacob s'était enfui.
23. Il prit avec lui ses frères, le poursuivit sept journées de marche, et l'atteignit à la montagne de Galaad.
24. Mais Dieu apparut la nuit en songe à Laban, l'Araméen, et lui dit : Garde-toi de parler à Jacob ni en bien ni en mal !
25. Laban atteignit donc Jacob. Jacob avait dressé sa tente sur la montagne ; Laban dressa aussi la sienne, avec ses frères, sur la montagne de Galaad.
26. Alors Laban dit à Jacob : Qu'as-tu fait ? Pourquoi m'as-tu trompé, et emmènes-tu mes filles comme des captives par l'épée ?
27. Pourquoi as-tu pris la fuite en cachette, m'as-tu trompé, et ne m'as-tu point averti ? Je t'aurais laissé partir au milieu des réjouissances et des chants, au son du tambourin et de la harpe.
28. Tu ne m'as pas permis d'embrasser mes fils et mes filles ! C'est en insensé que tu as agi.
29. Ma main est assez forte pour vous faire du mal ; mais le Dieu de votre père m'a dit hier : Garde-toi de parler à Jacob ni en bien ni en mal !
30. Maintenant que tu es parti, parce que tu languissais après la maison de ton père, pourquoi as-tu dérobé mes dieux ?
31. Jacob répondit, et dit à Laban : J'avais de la crainte à la pensée que tu m'enlèverais peut-être tes filles.
32. Mais périsse celui auprès duquel tu trouveras tes dieux ! En présence de nos frères, examine ce qui

t'appartient chez moi, et prends-le. Jacob ne savait pas que Rachel les eût dérobés.

33. Laban entra dans la tente de Jacob, dans la tente de Léa, dans la tente des deux servantes, et il ne trouva rien. Il sortit de la tente de Léa, et entra dans la tente de Rachel.
34. Rachel avait pris les théraphim, les avait mis sous le bât du chameau, et s'était assise dessus. Laban fouilla toute la tente, et ne trouva rien.
35. Elle dit à son père : Que mon seigneur ne se fâche point, si je ne puis me lever devant toi, car j'ai ce qui est ordinaire aux femmes. Il chercha, et ne trouva point les théraphim.
36. Jacob s'irrita, et querella Laban. Il reprit la parole, et lui dit : Quel est mon crime, quel est mon péché, que tu me poursuives avec tant d'ardeur ?
37. Quand tu as fouillé tous mes effets, qu'as-tu trouvé des effets de ta maison ? Produis-le ici devant mes frères et tes frères, et qu'ils prononcent entre nous deux.
38. Voilà vingt ans que j'ai passés chez toi ; tes brebis et tes chèvres n'ont point avorté, et je n'ai point mangé les béliers de ton troupeau.
39. Je ne t'ai point rapporté de bêtes déchirées, j'en ai payé le dommage ; tu me redemandais ce qu'on me volait de jour et ce qu'on me volait de nuit.
40. La chaleur me dévorait pendant le jour, et le froid pendant la nuit, et le sommeil fuyait de mes yeux.
41. Voilà vingt ans que j'ai passés dans ta maison ; je t'ai servi quatorze ans pour tes deux filles, et six ans pour

ton troupeau, et tu as changé dix fois mon salaire.
42. Si je n'eusse pas eu pour moi le Dieu de mon père, le Dieu d'Abraham, celui que craint Isaac, tu m'aurais maintenant renvoyé à vide. Dieu a vu ma souffrance et le travail de mes mains, et hier il a prononcé son jugement.
43. Laban répondit, et dit à Jacob : Ces filles sont mes filles, ces enfants sont mes enfants, ce troupeau est mon troupeau, et tout ce que tu vois est à moi. Et que puis-je faire aujourd'hui pour mes filles, ou pour leurs enfants qu'elles ont mis au monde ?
44. Viens, faisons alliance, moi et toi, et que cela serve de témoignage entre moi et toi !
45. Jacob prit une pierre, et il la dressa pour monument.
46. Jacob dit à ses frères : Ramassez des pierres. Ils prirent des pierres, et firent un monceau ; et ils mangèrent là sur le monceau.
47. Laban l'appela Jegar Sahadutha, et Jacob l'appela Galed.
48. Laban dit : Que ce monceau serve aujourd'hui de témoignage entre moi et toi ! C'est pourquoi on lui a donné le nom de Galed.
49. On l'appelle aussi Mitspa, parce que Laban dit : Que l'Éternel veille sur toi et sur moi, quand nous nous serons l'un et l'autre perdus de vue.
50. Si tu maltraites mes filles, et si tu prends encore d'autres femmes, ce n'est pas un homme qui sera avec nous, prends-y garde, c'est Dieu qui sera témoin entre moi et toi.

51. Laban dit à Jacob : Voici ce monceau, et voici ce monument que j'ai élevé entre moi et toi.
52. Que ce monceau soit témoin et que ce monument soit témoin que je n'irai point vers toi au delà de ce monceau, et que tu ne viendras point vers moi au delà de ce monceau et de ce monument, pour agir méchamment.
53. Que le Dieu d'Abraham et de Nachor, que le Dieu de leur père soit juge entre nous. Jacob jura par celui que craignait Isaac.
54. Jacob offrit un sacrifice sur la montagne, et il invita ses frères à manger ; ils mangèrent donc, et passèrent la nuit sur la montagne.
55. Laban se leva de bon matin, baisa ses fils et ses filles, et les bénit. Ensuite il partit pour retourner dans sa demeure.

Genèse 32

1. Jacob poursuivit son chemin ; et des anges de Dieu le rencontrèrent.
2. En les voyant, Jacob dit : C'est le camp de Dieu ! Et il donna à ce lieu le nom de Mahanaïm.
3. Jacob envoya devant lui des messagers à Ésaü, son frère, au pays de Séir, dans le territoire d'Édom.

4. Il leur donna cet ordre : Voici ce que vous direz à mon seigneur Ésaü : Ainsi parle ton serviteur Jacob : J'ai séjourné chez Laban, et j'y suis resté jusqu'à présent ;
5. j'ai des bœufs, des ânes, des brebis, des serviteurs et des servantes, et j'envoie l'annoncer à mon seigneur, pour trouver grâce à tes yeux.
6. Les messagers revinrent auprès de Jacob, en disant : Nous sommes allés vers ton frère Ésaü ; et il marche à ta rencontre, avec quatre cents hommes.
7. Jacob fut très effrayé, et saisi d'angoisse. Il partagea en deux camps les gens qui étaient avec lui, les brebis, les bœufs et les chameaux ;
8. et il dit : Si Ésaü vient contre l'un des camps et le bat, le camp qui restera pourra se sauver.
9. Jacob dit : Dieu de mon père Abraham, Dieu de mon père Isaac, Éternel, qui m'as dit : Retourne dans ton pays et dans ton lieu de naissance, et je te ferai du bien !
10. Je suis trop petit pour toutes les grâces et pour toute la fidélité dont tu as usé envers ton serviteur ; car j'ai passé ce Jourdain avec mon bâton, et maintenant je forme deux camps.
11. Délivre-moi, je te prie, de la main de mon frère, de la main d'Ésaü ! car je crains qu'il ne vienne, et qu'il ne me frappe, avec la mère et les enfants.
12. Et toi, tu as dit : Je te ferai du bien, et je rendrai ta postérité comme le sable de la mer, si abondant qu'on ne saurait le compter.

13. C'est dans ce lieu-là que Jacob passa la nuit. Il prit de ce qu'il avait sous la main, pour faire un présent à Ésaü, son frère :
14. deux cents chèvres et vingt boucs, deux cents brebis et vingt béliers,
15. trente femelles de chameaux avec leurs petits qu'elles allaitaient, quarante vaches et dix taureaux, vingt ânesses et dix ânes.
16. Il les remit à ses serviteurs, troupeau par troupeau séparément, et il dit à ses serviteurs : Passez devant moi, et mettez un intervalle entre chaque troupeau.
17. Il donna cet ordre au premier : Quand Ésaü, mon frère, te rencontrera, et te demandera : À qui es-tu ? où vas-tu ? et à qui appartient ce troupeau devant toi ?
18. tu répondras : À ton serviteur Jacob ; c'est un présent envoyé à mon seigneur Ésaü ; et voici, il vient lui-même derrière nous.
19. Il donna le même ordre au second, au troisième, et à tous ceux qui suivaient les troupeaux : C'est ainsi que vous parlerez à mon seigneur Ésaü, quand vous le rencontrerez.
20. Vous direz : Voici, ton serviteur Jacob vient aussi derrière nous. Car il se disait : Je l'apaiserai par ce présent qui va devant moi ; ensuite je le verrai en face, et peut-être m'accueillera-t-il favorablement.
21. Le présent passa devant lui ; et il resta cette nuit-là dans le camp.
22. Il se leva la même nuit, prit ses deux femmes, ses deux servantes, et ses onze enfants, et passa le gué de

Jabbok.

23. Il les prit, leur fit passer le torrent, et le fit passer à tout ce qui lui appartenait.
24. Jacob demeura seul. Alors un homme lutta avec lui jusqu'au lever de l'aurore.
25. Voyant qu'il ne pouvait le vaincre, cet homme le frappa à l'emboîture de la hanche ; et l'emboîture de la hanche de Jacob se démit pendant qu'il luttait avec lui.
26. Il dit : Laisse-moi aller, car l'aurore se lève. Et Jacob répondit : Je ne te laisserai point aller, que tu ne m'aies béni.
27. Il lui dit : Quel est ton nom ? Et il répondit : Jacob.
28. Il dit encore : ton nom ne sera plus Jacob, mais tu seras appelé Israël ; car tu as lutté avec Dieu et avec des hommes, et tu as été vainqueur.
29. Jacob l'interrogea, en disant : Fais-moi je te prie, connaître ton nom. Il répondit : Pourquoi demandes-tu mon nom ? Et il le bénit là.
30. Jacob appela ce lieu du nom de Peniel : car, dit-il, j'ai vu Dieu face à face, et mon âme a été sauvée.
31. Le soleil se levait, lorsqu'il passa Peniel. Jacob boitait de la hanche.
32. C'est pourquoi jusqu'à ce jour, les enfants d'Israël ne mangent point le tendon qui est à l'emboîture de la hanche ; car Dieu frappa Jacob à l'emboîture de la hanche, au tendon.

Genèse 33

1. Jacob leva les yeux, et regarda ; et voici, Ésaü arrivait, avec quatre cents hommes. Il répartit les enfants entre Léa, Rachel, et les deux servantes.
2. Il plaça en tête les servantes avec leurs enfants, puis Léa avec ses enfants, et enfin Rachel avec Joseph.
3. Lui-même passa devant eux ; et il se prosterna en terre sept fois, jusqu'à ce qu'il fût près de son frère.
4. Ésaü courut à sa rencontre ; il l'embrassa, se jeta à son cou, et le baisa. Et ils pleurèrent.
5. Ésaü, levant les yeux, vit les femmes et les enfants, et il dit : Qui sont ceux que tu as là ? Et Jacob répondit : Ce sont les enfants que Dieu a accordés à ton serviteur.
6. Les servantes s'approchèrent, elles et leurs enfants, et se prosternèrent ;
7. Léa et ses enfants s'approchèrent aussi, et se prosternèrent ; ensuite Joseph et Rachel s'approchèrent, et se prosternèrent.
8. Ésaü dit : À quoi destines-tu tout ce camp que j'ai rencontré ? Et Jacob répondit : À trouver grâce aux yeux de mon seigneur.
9. Ésaü dit : Je suis dans l'abondance, mon frère ; garde ce qui est à toi.
10. Et Jacob répondit : Non, je te prie, si j'ai trouvé grâce à tes yeux, accepte de ma main mon présent ; car c'est pour cela que j'ai regardé ta face comme on regarde la face de Dieu, et tu m'as accueilli favorablement.

11. Accepte donc mon présent qui t'a été offert, puisque Dieu m'a comblé de grâces, et que je ne manque de rien. Il insista auprès de lui, et Ésaü accepta.
12. Ésaü dit : Partons, mettons-nous en route ; j'irai devant toi.
13. Jacob lui répondit : Mon seigneur sait que les enfants sont délicats, et que j'ai des brebis et des vaches qui allaitent ; si l'on forçait leur marche un seul jour, tout le troupeau périrait.
14. Que mon seigneur prenne les devants sur son serviteur ; et moi, je suivrai lentement, au pas du troupeau qui me précédera, et au pas des enfants, jusqu'à ce que j'arrive chez mon seigneur, à Séir.
15. Ésaü dit : Je veux au moins laisser avec toi une partie de mes gens. Et Jacob répondit : Pourquoi cela ? Que je trouve seulement grâce aux yeux de mon seigneur !
16. Le même jour, Ésaü reprit le chemin de Séir.
17. Jacob partit pour Succoth. Il bâtit une maison pour lui, et il fit des cabanes pour ses troupeaux. C'est pourquoi l'on a appelé ce lieu de nom de Succoth.
18. À son retour de Paddan Aram, Jacob arriva heureusement à la ville de Sichem, dans le pays de Canaan, et il campa devant la ville.
19. Il acheta la portion du champ où il avait dressé sa tente, des fils d'Hamor, père de Sichem, pour cent kesita.
20. Et là, il éleva un autel, qu'il appela El Élohé Israël.

Genèse 34

1. Dina, la fille que Léa avait enfantée à Jacob, sortit pour voir les filles du pays.
2. Elle fut aperçue de Sichem, fils de Hamor, prince du pays. Il l'enleva, coucha avec elle, et la déshonora.
3. Son cœur s'attacha à Dina, fille de Jacob ; il aima la jeune fille, et sut parler à son cœur.
4. Et Sichem dit à Hamor, son père : Donne-moi cette jeune fille pour femme.
5. Jacob apprit qu'il avait déshonoré Dina, sa fille ; et, comme ses fils étaient aux champs avec son troupeau, Jacob garda le silence jusqu'à leur retour.
6. Hamor, père de Sichem, se rendit auprès de Jacob pour lui parler.
7. Et les fils de Jacob revenaient des champs, lorsqu'ils apprirent la chose ; ces hommes furent irrités et se mirent dans une grande colère, parce que Sichem avait commis une infamie en Israël, en couchant avec la fille de Jacob, ce qui n'aurait pas dû se faire.
8. Hamor leur adressa ainsi la parole : Le cœur de Sichem, mon fils, s'est attaché à votre fille ; donnez-la-lui pour femme, je vous prie.
9. Alliez-vous avec nous ; vous nous donnerez vos filles, et vous prendrez pour vous les nôtres.
10. Vous habiterez avec nous, et le pays sera à votre disposition ; restez, pour y trafiquer et y acquérir des propriétés.

11. Sichem dit au père et aux frères de Dina : Que je trouve grâce à vos yeux, et je donnerai ce que vous me direz.
12. Exigez de moi une forte dot et beaucoup de présents, et je donnerai ce que vous me direz ; mais accordez-moi pour femme la jeune fille.
13. Les fils de Jacob répondirent et parlèrent avec ruse à Sichem et à Hamor, son père, parce que Sichem avait déshonoré Dina, leur sœur.
14. Ils leur dirent : C'est une chose que nous ne pouvons pas faire, que de donner notre sœur à un homme incirconcis ; car ce serait un opprobre pour nous.
15. Nous ne consentirons à votre désir qu'à la condition que vous deveniez comme nous, et que tout mâle parmi vous soit circoncis.
16. Nous vous donnerons alors nos filles, et nous prendrons pour nous les vôtres ; nous habiterons avec vous, et nous formerons un seul peuple.
17. Mais si vous ne voulez pas nous écouter et vous faire circoncire, nous prendrons notre fille, et nous nous en irons.
18. Leurs paroles eurent l'assentiment de Hamor et de Sichem, fils de Hamor.
19. Le jeune homme ne tarda pas à faire la chose, car il aimait la fille de Jacob. Il était considéré de tous dans la maison de son père.
20. Hamor et Sichem, son fils, se rendirent à la porte de leur ville, et ils parlèrent ainsi aux gens de leur ville :

21. Ces hommes sont paisibles à notre égard ; qu'ils restent dans le pays, et qu'ils y trafiquent ; le pays est assez vaste pour eux. Nous prendrons pour femmes leurs filles, et nous leur donnerons nos filles.
22. Mais ces hommes ne consentiront à habiter avec nous, pour former un seul peuple, qu'à la condition que tout mâle parmi nous soit circoncis, comme ils sont eux-mêmes circoncis.
23. Leurs troupeaux, leurs biens et tout leur bétail, ne seront-ils pas à nous ? Acceptons seulement leur condition, pour qu'ils restent avec nous.
24. Tous ceux qui étaient venus à la porte de la ville écoutèrent Hamor et Sichem, son fils ; et tous les mâles se firent circoncire, tous ceux qui étaient venus à la porte de la ville.
25. Le troisième jour, pendant qu'ils étaient souffrants, les deux fils de Jacob, Siméon et Lévi, frères de Dina, prirent chacun leur épée, tombèrent sur la ville qui se croyait en sécurité, et tuèrent tous les mâles.
26. Ils passèrent aussi au fil de l'épée Hamor et Sichem, son fils ; ils enlevèrent Dina de la maison de Sichem, et sortirent.
27. Les fils de Jacob se jetèrent sur les morts, et pillèrent la ville, parce qu'on avait déshonoré leur sœur.
28. Ils prirent leurs troupeaux, leurs bœufs et leurs ânes, ce qui était dans la ville et ce qui était dans les champs ;
29. ils emmenèrent comme butin toutes leurs richesses, leurs enfants et leurs femmes, et tout ce qui se trouvait dans les maisons.

30. Alors Jacob dit à Siméon et à Lévi : Vous me troublez, en me rendant odieux aux habitants du pays, aux Cananéens et aux Phérésiens. Je n'ai qu'un petit nombre d'hommes ; et ils se rassembleront contre moi, ils me frapperont, et je serai détruit, moi et ma maison.
31. Ils répondirent : Traitera-t-on notre sœur comme une prostituée ?

Genèse 35

1. Dieu dit à Jacob : Lève-toi, monte à Béthel, et demeures-y ; là, tu dresseras un autel au Dieu qui t'apparut, lorsque tu fuyais Ésaü, ton frère.
2. Jacob dit à sa maison et à tous ceux qui étaient avec lui : Otez les dieux étrangers qui sont au milieu de vous, purifiez-vous, et changez de vêtements.
3. Nous nous lèverons, et nous monterons à Béthel ; là, je dresserai un autel au Dieu qui m'a exaucé dans le jour de ma détresse, et qui a été avec moi pendant le voyage que j'ai fait.
4. Ils donnèrent à Jacob tous les dieux étrangers qui étaient entre leurs mains, et les anneaux qui étaient à leurs oreilles. Jacob les enfouit sous le térébinthe qui est près de Sichem.

5. Ensuite ils partirent. La terreur de Dieu se répandit sur les villes qui les entouraient, et l'on ne poursuivit point les fils de Jacob.
6. Jacob arriva, lui et tous ceux qui étaient avec lui, à Luz, qui est Béthel, dans le pays de Canaan.
7. Il bâtit là un autel, et il appela ce lieu El Béthel ; car c'est là que Dieu s'était révélé à lui lorsqu'il fuyait son frère.
8. Débora, nourrice de Rebecca, mourut ; et elle fut enterrée au-dessous de Béthel, sous le chêne auquel on a donné le nom de chêne des pleurs.
9. Dieu apparut encore à Jacob, après son retour de Paddan Aram, et il le bénit.
10. Dieu lui dit : Ton nom est Jacob ; tu ne seras plus appelé Jacob, mais ton nom sera Israël. Et il lui donna le nom d'Israël.
11. Dieu lui dit : Je suis le Dieu tout puissant. Sois fécond, et multiplie : une nation et une multitude de nations naîtront de toi, et des rois sortiront de tes reins.
12. Je te donnerai le pays que j'ai donné à Abraham et à Isaac, et je donnerai ce pays à ta postérité après toi.
13. Dieu s'éleva au-dessus de lui, dans le lieu où il lui avait parlé.
14. Et Jacob dressa un monument dans le lieu où Dieu lui avait parlé, un monument de pierres, sur lequel il fit une libation et versa de l'huile.
15. Jacob donna le nom de Béthel au lieu où Dieu lui avait parlé.

16. Ils partirent de Béthel ; et il y avait encore une certaine distance jusqu'à Éphrata, lorsque Rachel accoucha. Elle eut un accouchement pénible ;
17. et pendant les douleurs de l'enfantement, la sage-femme lui dit : Ne crains point, car tu as encore un fils !
18. Et comme elle allait rendre l'âme, car elle était mourante, elle lui donna le nom de Ben Oni ; mais le père l'appela Benjamin.
19. Rachel mourut, et elle fut enterrée sur le chemin d'Éphrata, qui est Bethléhem.
20. Jacob éleva un monument sur son sépulcre ; c'est le monument du sépulcre de Rachel, qui existe encore aujourd'hui.
21. Israël partit ; et il dressa sa tente au delà de Migdal Éder.
22. Pendant qu'Israël habitait cette contrée, Ruben alla coucher avec Bilha, concubine de son père. Et Israël l'apprit. Les fils de Jacob étaient au nombre de douze.
23. Fils de Léa : Ruben, premier-né de Jacob, Siméon, Lévi, Juda, Issacar et Zabulon.
24. Fils de Rachel : Joseph et Benjamin.
25. Fils de Bilha, servante de Rachel : Dan et Nephthali.
26. Fils de Zilpa, servante de Léa : Gad et Aser. Ce sont là les fils de Jacob, qui lui naquirent à Paddan Aram.
27. Jacob arriva auprès d'Isaac, son père, à Mamré, à Kirjath Arba, qui est Hébron, où avaient séjourné Abraham et Isaac.
28. Les jours d'Isaac furent de cent quatre-vingts ans.

29. Il expira et mourut, et il fut recueilli auprès de son peuple, âgé et rassasié de jours, et Ésaü et Jacob, ses fils, l'enterrèrent.

Genèse 36

1. Voici la postérité d'Ésaü, qui est Édom.
2. Ésaü prit ses femmes parmi les filles de Canaan : Ada, fille d'Élon, le Héthien ; Oholibama, fille d'Ana, fille de Tsibeon, le Hévien ;
3. et Basmath, fille d'Ismaël, sœur de Nebajoth.
4. Ada enfanta à Ésaü Éliphaz ; Basmath enfanta Réuel ;
5. et Oholibama enfanta Jéusch, Jaelam et Koré. Ce sont là les fils d'Ésaü, qui lui naquirent dans le pays de Canaan.
6. Ésaü prit ses femmes, ses fils et ses filles, toutes les personnes de sa maison, ses troupeaux, tout son bétail, et tout le bien qu'il avait acquis au pays de Canaan, et il s'en alla dans un autre pays, loin de Jacob, son frère.
7. Car leurs richesses étaient trop considérables pour qu'ils demeurassent ensemble, et la contrée où ils séjournaient ne pouvait plus leur suffire à cause de leurs troupeaux.
8. Ésaü s'établit dans la montagne de Séir. Ésaü, c'est Édom.

9. Voici la postérité d'Ésaü, père d'Édom, dans la montagne de Séir.
10. Voici les noms des fils d'Ésaü : Éliphaz, fils d'Ada, femme d'Ésaü ; Réuel, fils de Basmath, femme d'Ésaü.
11. Les fils d'Éliphaz furent : Théman, Omar, Tsepho, Gaetham et Kenaz.
12. Et Thimna était la concubine d'Éliphaz, fils d'Ésaü : elle enfanta à Éliphaz Amalek. Ce sont là les fils d'Ada, femme d'Ésaü.
13. Voici les fils de Réuel : Nahath, Zérach, Schamma et Mizza. Ce sont là les fils de Basmath, femme d'Ésaü.
14. Voici les fils d'Oholibama, fille d'Ana, fille de Tsibeon, femme d'Ésaü : elle enfanta à Ésaü Jéusch, Jaelam et Koré.
15. Voici les chefs de tribus issues des fils d'Ésaü. -Voici les fils d'Éliphaz, premier-né d'Ésaü : le chef Théman, le chef Omar, le chef Tsepho, le chef Kenaz,
16. le chef Koré, le chef Gaetham, le chef Amalek. Ce sont là les chefs issus d'Éliphaz, dans le pays d'Édom. Ce sont les fils d'Ada.
17. Voici les fils de Réuel, fils d'Ésaü : le chef Nahath, le chef Zérach, le chef Schamma, le chef Mizza. Ce sont là les chefs issus de Réuel, dans le pays d'Édom. Ce sont là les fils de Basmath, femme d'Ésaü.
18. Voici les fils d'Oholibama, femme d'Ésaü : le chef Jéusch, le chef Jaelam, le chef Koré. Ce sont là les chefs issus d'Oholibama, fille d'Ana, femme d'Ésaü.

19. Ce sont là les fils d'Ésaü, et ce sont là leurs chefs de tribus. Ésaü, c'est Édom.
20. Voici les fils de Séir, le Horien, anciens habitants du pays : Lothan, Schobal, Tsibeon, Ana,
21. Dischon, Etser, et Dischan. Ce sont là les chefs des Horiens, fils de Séir, dans le pays d'Édom.
22. Les fils de Lothan furent : Hori et Hémam. La sœur de Lothan fut Thimna.
23. Voici les fils de Schobal : Alvan, Manahath, Ébal, Schepho et Onam.
24. Voici les fils de Tsibeon : Ajja et Ana. C'est cet Ana qui trouva les sources chaudes dans le désert, quand il faisait paître les ânes de Tsibeon, son père.
25. Voici les enfants d'Ana : Dischon, et Oholibama, fille d'Ana.
26. Voici les fils de Dischon : Hemdan, Eschban, Jithran et Karen.
27. Voici les fils d'Etser : Bilhan, Zaavan et Akan.
28. Voici les fils de Dischan : Uts et Aran.
29. Voici les chefs des Horiens : le chef Lothan, le chef Schobal, le chef Tsibeon, le chef Ana,
30. le chef Dischon, le chef Etser, le chef Dischan. Ce sont là les chefs des Horiens, les chefs qu'ils eurent dans le pays de Séir.
31. Voici les rois qui ont régné dans le pays d'Édom, avant qu'un roi régnât sur les enfants d'Israël.
32. Béla, fils de Béor, régna sur Édom ; et le nom de sa ville était Dinhaba.

33. Béla mourut ; et Jobab, fils de Zérach, de Botsra, régna à sa place.
34. Jobab mourut ; et Huscham, du pays des Thémanites, régna à sa place.
35. Huscham mourut ; et Hadad, fils de Bedad, régna à sa place. C'est lui qui frappa Madian dans les champs de Moab. Le nom de sa ville était Avith.
36. Hadad mourut ; et Samla, de Masréka, régna à sa place.
37. Samla mourut ; et Saül, de Rehoboth sur le fleuve, régna à sa place.
38. Saül mourut ; et Baal Hanan, fils d'Acbor, régna à sa place.
39. Baal Hanan, fils d'Acbor, mourut ; et Hadar régna à sa place. Le nom de sa ville était Pau ; et le nom de sa femme Mehéthabeel, fille de Mathred, fille de Mézahab.
40. Voici les noms des chefs issus d'Ésaü, selon leurs tribus, selon leurs territoires, et d'après leurs noms : le chef Thimna, le chef Alva, le chef Jetheth,
41. le chef Oholibama, le chef Éla, le chef Pinon,
42. le chef Kenaz, le chef Théman, le chef Mibtsar,
43. le chef Magdiel, le chef Iram. Ce sont là les chefs d'Édom, selon leurs habitations dans le pays qu'ils possédaient. C'est là Ésaü, père d'Édom.

Genèse 37

1. Jacob demeura dans le pays de Canaan, où avait séjourné son père.
2. Voici la postérité de Jacob. Joseph, âgé de dix-sept ans, faisait paître le troupeau avec ses frères ; cet enfant était auprès des fils de Bilha et des fils de Zilpa, femmes de son père. Et Joseph rapportait à leur père leurs mauvais propos.
3. Israël aimait Joseph plus que tous ses autres fils, parce qu'il l'avait eu dans sa vieillesse ; et il lui fit une tunique de plusieurs couleurs.
4. Ses frères virent que leur père l'aimait plus qu'eux tous, et ils le prirent en haine. Ils ne pouvaient lui parler avec amitié.
5. Joseph eut un songe, et il le raconta à ses frères, qui le haïrent encore davantage.
6. Il leur dit : Écoutez donc ce songe que j'ai eu !
7. Nous étions à lier des gerbes au milieu des champs ; et voici, ma gerbe se leva et se tint debout, et vos gerbes l'entourèrent et se prosternèrent devant elle.
8. Ses frères lui dirent : Est-ce que tu régneras sur nous ? est-ce que tu nous gouverneras ? Et ils le haïrent encore davantage, à cause de ses songes et à cause de ses paroles.
9. Il eut encore un autre songe, et il le raconta à ses frères. Il dit : J'ai eu encore un songe ! Et voici, le

soleil, la lune et onze étoiles se prosternaient devant moi.
10. Il le raconta à son père et à ses frères. Son père le réprimanda, et lui dit : Que signifie ce songe que tu as eu ? Faut-il que nous venions, moi, ta mère et tes frères, nous prosterner en terre devant toi ?
11. Ses frères eurent de l'envie contre lui, mais son père garda le souvenir de ces choses.
12. Les frères de Joseph étant allés à Sichem, pour faire paître le troupeau de leur père,
13. Israël dit à Joseph : Tes frères ne font-ils pas paître le troupeau à Sichem ? Viens, je veux t'envoyer vers eux. Et il répondit : Me voici !
14. Israël lui dit : Va, je te prie, et vois si tes frères sont en bonne santé et si le troupeau est en bon état ; et tu m'en rapporteras des nouvelles. Il l'envoya ainsi de la vallée d'Hébron ; et Joseph alla à Sichem.
15. Un homme le rencontra, comme il errait dans les champs. Il le questionna, en disant : Que cherches-tu ?
16. Joseph répondit : Je cherche mes frères ; dis-moi, je te prie, où ils font paître leur troupeau.
17. Et l'homme dit : Ils sont partis d'ici ; car je les ai entendus dire : Allons à Dothan. Joseph alla après ses frères, et il les trouva à Dothan.
18. Ils le virent de loin ; et, avant qu'il fût près d'eux, ils complotèrent de le faire mourir.
19. Ils se dirent l'un à l'autre : Voici le faiseur de songes qui arrive.

20. Venez maintenant, tuons-le, et jetons-le dans une des citernes ; nous dirons qu'une bête féroce l'a dévoré, et nous verrons ce que deviendront ses songes.
21. Ruben entendit cela, et il le délivra de leurs mains. Il dit : Ne lui ôtons pas la vie.
22. Ruben leur dit : Ne répandez point de sang ; jetez-le dans cette citerne qui est au désert, et ne mettez pas la main sur lui. Il avait dessein de le délivrer de leurs mains pour le faire retourner vers son père.
23. Lorsque Joseph fut arrivé auprès de ses frères, ils le dépouillèrent de sa tunique, de la tunique de plusieurs couleurs, qu'il avait sur lui.
24. Ils le prirent, et le jetèrent dans la citerne. Cette citerne était vide ; il n'y avait point d'eau.
25. Ils s'assirent ensuite pour manger. Ayant levé les yeux, ils virent une caravane d'Ismaélites venant de Galaad ; leurs chameaux étaient chargés d'aromates, de baume et de myrrhe, qu'ils transportaient en Égypte.
26. Alors Juda dit à ses frères : Que gagnerons-nous à tuer notre frère et à cacher son sang ?
27. Venez, vendons-le aux Ismaélites, et ne mettons pas la main sur lui, car il est notre frère, notre chair. Et ses frères l'écoutèrent.
28. Au passage des marchands madianites, ils tirèrent et firent remonter Joseph hors de la citerne ; et ils le vendirent pour vingt sicles d'argent aux Ismaélites, qui l'emmenèrent en Égypte.
29. Ruben revint à la citerne ; et voici, Joseph n'était plus dans la citerne. Il déchira ses vêtements,

30. retourna vers ses frères, et dit : L'enfant n'y est plus ! Et moi, où irai-je ?
31. Ils prirent alors la tunique de Joseph ; et, ayant tué un bouc, ils plongèrent la tunique dans le sang.
32. Ils envoyèrent à leur père la tunique de plusieurs couleurs, en lui faisant dire : Voici ce que nous avons trouvé ! reconnais si c'est la tunique de ton fils, ou non.
33. Jacob la reconnut, et dit : C'est la tunique de mon fils ! une bête féroce l'a dévoré ! Joseph a été mis en pièces !
34. Et il déchira ses vêtements, il mit un sac sur ses reins, et il porta longtemps le deuil de son fils.
35. Tous ses fils et toutes ses filles vinrent pour le consoler ; mais il ne voulut recevoir aucune consolation. Il disait : C'est en pleurant que je descendrai vers mon fils au séjour des morts ! Et il pleurait son fils.
36. Les Madianites le vendirent en Égypte à Potiphar, officier de Pharaon, chef des gardes.

Genèse 38

1. En ce temps-là, Juda s'éloigna de ses frères, et se retira vers un homme d'Adullam, nommé Hira.

2. Là, Juda vit la fille d'un Cananéen, nommé Schua ; il la prit pour femme, et alla vers elle.
3. Elle devint enceinte, et enfanta un fils, qu'elle appela Er.
4. Elle devint encore enceinte, et enfanta un fils, qu'elle appela Onan.
5. Elle enfanta de nouveau un fils, qu'elle appela Schéla ; Juda était à Czib quand elle l'enfanta.
6. Juda prit pour Er, son premier-né, une femme nommée Tamar.
7. Er, premier-né de Juda, était méchant aux yeux de l'Éternel ; et l'Éternel le fit mourir.
8. Alors Juda dit à Onan : Va vers la femme de ton frère, prends-la, comme beau-frère, et suscite une postérité à ton frère.
9. Onan, sachant que cette postérité ne serait pas à lui, se souillait à terre lorsqu'il allait vers la femme de son frère, afin de ne pas donner de postérité à son frère.
10. Ce qu'il faisait déplut à l'Éternel, qui le fit aussi mourir.
11. Alors Juda dit à Tamar, sa belle-fille : Demeure veuve dans la maison de ton père, jusqu'à ce que Schéla, mon fils, soit grand. Il parlait ainsi dans la crainte que Schéla ne mourût comme ses frères. Tamar s'en alla, et elle habita dans la maison de son père.
12. Les jours s'écoulèrent, et la fille de Schua, femme de Juda, mourut. Lorsque Juda fut consolé, il monta à Thimna, vers ceux qui tondaient ses brebis, lui et son ami Hira, l'Adullamite.

13. On en informa Tamar, et on lui dit : Voici ton beau-père qui monte à Thimna, pour tondre ses brebis.
14. Alors elle ôta ses habits de veuve, elle se couvrit d'un voile et s'enveloppa, et elle s'assit à l'entrée d'Énaïm, sur le chemin de Thimna ; car elle voyait que Schéla était devenu grand, et qu'elle ne lui était point donnée pour femme.
15. Juda la vit, et la prit pour une prostituée, parce qu'elle avait couvert son visage.
16. Il l'aborda sur le chemin, et dit : Laisse-moi aller vers toi. Car il ne connut pas que c'était sa belle-fille. Elle dit : Que me donneras-tu pour venir vers moi ?
17. Il répondit : Je t'enverrai un chevreau de mon troupeau. Elle dit : Me donneras-tu un gage, jusqu'à ce que tu l'envoies ?
18. Il répondit : Quel gage te donnerai-je ? Elle dit : Ton cachet, ton cordon, et le bâton que tu as à la main. Il les lui donna. Puis il alla vers elle ; et elle devint enceinte de lui.
19. Elle se leva, et s'en alla ; elle ôta son voile, et remit ses habits de veuve.
20. Juda envoya le chevreau par son ami l'Adullamite, pour retirer le gage des mains de la femme. Mais il ne la trouva point.
21. Il interrogea les gens du lieu, en disant : Où est cette prostituée qui se tenait à Énaïm, sur le chemin ? Ils répondirent : Il n'y a point eu ici de prostituée.
22. Il retourna auprès de Juda, et dit : Je ne l'ai pas trouvée, et même les gens du lieu ont dit : Il n'y a

point eu ici de prostituée.
23. Juda dit : Qu'elle garde ce qu'elle a ! Ne nous exposons pas au mépris. Voici, j'ai envoyé ce chevreau, et tu ne l'as pas trouvée.
24. Environ trois mois après, on vint dire à Juda : Tamar, ta belle-fille, s'est prostituée, et même la voilà enceinte à la suite de sa prostitution. Et Juda dit : Faites-la sortir, et qu'elle soit brûlée.
25. Comme on l'amenait dehors, elle fit dire à son beau-père : C'est de l'homme à qui ces choses appartiennent que je suis enceinte ; reconnais, je te prie, à qui sont ce cachet, ces cordons et ce bâton.
26. Juda les reconnut, et dit : Elle est moins coupable que moi, puisque je ne l'ai pas donnée à Schéla, mon fils. Et il ne la connut plus.
27. Quand elle fut au moment d'accoucher, voici, il y avait deux jumeaux dans son ventre.
28. Et pendant l'accouchement il y en eut un qui présenta la main ; la sage-femme la prit, et y attacha un fil cramoisi, en disant : Celui-ci sort le premier.
29. Mais il retira la main, et son frère sortit. Alors la sage-femme dit : Quelle brèche tu as faite ! Et elle lui donna le nom de Pérets.
30. Ensuite sortit son frère, qui avait à la main le fil cramoisi ; et on lui donna le nom de Zérach.

Genèse 39

1. On fit descendre Joseph en Égypte ; et Potiphar, officier de Pharaon, chef des gardes, Égyptien, l'acheta des Ismaélites qui l'y avaient fait descendre.
2. L'Éternel fut avec lui, et la prospérité l'accompagna ; il habitait dans la maison de son maître, l'Égyptien.
3. Son maître vit que l'Éternel était avec lui, et que l'Éternel faisait prospérer entre ses mains tout ce qu'il entreprenait.
4. Joseph trouva grâce aux yeux de son maître, qui l'employa à son service, l'établit sur sa maison, et lui confia tout ce qu'il possédait.
5. Dès que Potiphar l'eut établi sur sa maison et sur tout ce qu'il possédait, l'Éternel bénit la maison de l'Égyptien, à cause de Joseph ; et la bénédiction de l'Éternel fut sur tout ce qui lui appartenait, soit à la maison, soit aux champs.
6. Il abandonna aux mains de Joseph tout ce qui lui appartenait, et il n'avait avec lui d'autre soin que celui de prendre sa nourriture. Or, Joseph était beau de taille et beau de figure.
7. Après ces choses, il arriva que la femme de son maître porta les yeux sur Joseph, et dit : Couche avec moi !
8. Il refusa, et dit à la femme de son maître : Voici, mon maître ne prend avec moi connaissance de rien dans la maison, et il a remis entre mes mains tout ce qui lui appartient.
9. Il n'est pas plus grand que moi dans cette maison, et il ne m'a rien interdit, excepté toi, parce que tu es sa

femme. Comment ferais-je un aussi grand mal et pécherais-je contre Dieu ?

10. Quoiqu'elle parlât tous les jours à Joseph, il refusa de coucher auprès d'elle, d'être avec elle.
11. Un jour qu'il était entré dans la maison pour faire son ouvrage, et qu'il n'y avait là aucun des gens de la maison,
12. elle le saisit par son vêtement, en disant : Couche avec moi ! Il lui laissa son vêtement dans la main, et s'enfuit au dehors.
13. Lorsqu'elle vit qu'il lui avait laissé son vêtement dans la main, et qu'il s'était enfui dehors,
14. elle appela les gens de sa maison, et leur dit : Voyez, il nous a amené un Hébreu pour se jouer de nous. Cet homme est venu vers moi pour coucher avec moi ; mais j'ai crié à haute voix.
15. Et quand il a entendu que j'élevais la voix et que je criais, il a laissé son vêtement à côté de moi et s'est enfui dehors.
16. Et elle posa le vêtement de Joseph à côté d'elle, jusqu'à ce que son maître rentrât à la maison.
17. Alors elle lui parla ainsi : L'esclave hébreu que tu nous as amené est venu vers moi pour se jouer de moi.
18. Et comme j'ai élevé la voix et que j'ai crié, il a laissé son vêtement à côté de moi et s'est enfui dehors.
19. Après avoir entendu les paroles de sa femme, qui lui disait : Voilà ce que m'a fait ton esclave ! le maître de Joseph fut enflammé de colère.

20. Il prit Joseph, et le mit dans la prison, dans le lieu où les prisonniers du roi étaient enfermés : il fut là, en prison.
21. L'Éternel fut avec Joseph, et il étendit sur lui sa bonté. Il le mit en faveur aux yeux du chef de la prison.
22. Et le chef de la prison plaça sous sa surveillance tous les prisonniers qui étaient dans la prison ; et rien ne s'y faisait que par lui.
23. Le chef de la prison ne prenait aucune connaissance de ce que Joseph avait en main, parce que l'Éternel était avec lui. Et l'Éternel donnait de la réussite à ce qu'il faisait.

Genèse 40

1. Après ces choses, il arriva que l'échanson et le panetier du roi d'Égypte, offensèrent leur maître, le roi d'Égypte.
2. Pharaon fut irrité contre ses deux officiers, le chef des échansons et le chef des panetiers.
3. Et il les fit mettre dans la maison du chef des gardes, dans la prison, dans le lieu où Joseph était enfermé.
4. Le chef des gardes les plaça sous la surveillance de Joseph, qui faisait le service auprès d'eux ; et ils passèrent un certain temps en prison.

5. Pendant une même nuit, l'échanson et le panetier du roi d'Égypte, qui étaient enfermés dans la prison, eurent tous les deux un songe, chacun le sien, pouvant recevoir une explication distincte.
6. Joseph, étant venu le matin vers eux, les regarda ; et voici, ils étaient tristes.
7. Alors il questionna les officiers de Pharaon, qui étaient avec lui dans la prison de son maître, et il leur dit : Pourquoi avez-vous mauvais visage aujourd'hui ?
8. Ils lui répondirent : Nous avons eu un songe, et il n'y a personne pour l'expliquer. Joseph leur dit : N'est-ce pas à Dieu qu'appartiennent les explications ? Racontez-moi donc votre songe.
9. Le chef des échansons raconta son songe à Joseph, et lui dit : Dans mon songe, voici, il y avait un cep devant moi.
10. Ce cep avait trois sarments. Quand il eut poussé, sa fleur se développa et ses grappes donnèrent des raisins mûrs.
11. La coupe de Pharaon était dans ma main. Je pris les raisins, je les pressai dans la coupe de Pharaon, et je mis la coupe dans la main de Pharaon.
12. Joseph lui dit : En voici l'explication. Les trois sarments sont trois jours.
13. Encore trois jours, et Pharaon relèvera ta tête et te rétablira dans ta charge ; tu mettras la coupe dans la main de Pharaon, comme tu en avais l'habitude lorsque tu étais son échanson.

14. Mais souviens-toi de moi, quand tu seras heureux, et montre, je te prie, de la bonté à mon égard ; parle en ma faveur à Pharaon, et fais-moi sortir de cette maison.
15. Car j'ai été enlevé du pays des Hébreux, et ici même je n'ai rien fait pour être mis en prison.
16. Le chef des panetiers, voyant que Joseph avait donné une explication favorable, dit : Voici, il y avait aussi, dans mon songe, trois corbeilles de pain blanc sur ma tête.
17. Dans la corbeille la plus élevée il y avait pour Pharaon des mets de toute espèce, cuits au four ; et les oiseaux les mangeaient dans la corbeille au-dessus de ma tête.
18. Joseph répondit, et dit : En voici l'explication. Les trois corbeilles sont trois jours.
19. Encore trois jours, et Pharaon enlèvera ta tête de dessus toi, te fera pendre à un bois, et les oiseaux mangeront ta chair.
20. Le troisième jour, jour de la naissance de Pharaon, il fit un festin à tous ses serviteurs ; et il éleva la tête du chef des échansons et la tête du chef des panetiers, au milieu de ses serviteurs :
21. il rétablit le chef des échansons dans sa charge d'échanson, pour qu'il mît la coupe dans la main de Pharaon ;
22. mais il fit pendre le chef des panetiers, selon l'explication que Joseph leur avait donnée.
23. Le chef des échansons ne pensa plus à Joseph. Il l'oublia.

Genèse 41

1. Au bout de deux ans, Pharaon eut un songe. Voici, il se tenait près du fleuve.
2. Et voici, sept vaches belles à voir et grasses de chair montèrent hors du fleuve, et se mirent à paître dans la prairie.
3. Sept autres vaches laides à voir et maigres de chair montèrent derrière elles hors du fleuve, et se tinrent à leurs côtés sur le bord du fleuve.
4. Les vaches laides à voir et maigres de chair mangèrent les sept vaches belles à voir et grasses de chair. Et Pharaon s'éveilla.
5. Il se rendormit, et il eut un second songe. Voici, sept épis gras et beaux montèrent sur une même tige.
6. Et sept épis maigres et brûlés par le vent d'orient poussèrent après eux.
7. Les épis maigres engloutirent les sept épis gras et pleins. Et Pharaon s'éveilla. Voilà le songe.
8. Le matin, Pharaon eut l'esprit agité, et il fit appeler tous les magiciens et tous les sages de l'Égypte. Il leur raconta ses songes. Mais personne ne put les expliquer à Pharaon.
9. Alors le chef des échansons prit la parole, et dit à Pharaon : Je vais rappeler aujourd'hui le souvenir de

ma faute.
10. Pharaon s'était irrité contre ses serviteurs ; et il m'avait fait mettre en prison dans la maison du chef des gardes, moi et le chef des panetiers.
11. Nous eûmes l'un et l'autre un songe dans une même nuit ; et chacun de nous reçut une explication en rapport avec le songe qu'il avait eu.
12. Il y avait là avec nous un jeune Hébreu, esclave du chef des gardes. Nous lui racontâmes nos songes, et il nous les expliqua.
13. Les choses sont arrivées selon l'explication qu'il nous avait donnée. Pharaon me rétablit dans ma charge, et il fit pendre le chef des panetiers.
14. Pharaon fit appeler Joseph. On le fit sortir en hâte de prison. Il se rasa, changea de vêtements, et se rendit vers Pharaon.
15. Pharaon dit à Joseph : J'ai eu un songe. Personne ne peut l'expliquer ; et j'ai appris que tu expliques un songe, après l'avoir entendu.
16. Joseph répondit à Pharaon, en disant : Ce n'est pas moi ! c'est Dieu qui donnera une réponse favorable à Pharaon.
17. Pharaon dit alors à Joseph : Dans mon songe, voici, je me tenais sur le bord du fleuve.
18. Et voici, sept vaches grasses de chair et belles d'apparence montèrent hors du fleuve, et se mirent à paître dans la prairie.
19. Sept autres vaches montèrent derrière elles, maigres, fort laides d'apparence, et décharnées : je n'en ai point

vu d'aussi laides dans tout le pays d'Égypte.
20. Les vaches décharnées et laides mangèrent les sept premières vaches qui étaient grasses.
21. Elles les engloutirent dans leur ventre, sans qu'on s'aperçût qu'elles y fussent entrées ; et leur apparence était laide comme auparavant. Et je m'éveillai.
22. Je vis encore en songe sept épis pleins et beaux, qui montèrent sur une même tige.
23. Et sept épis vides, maigres, brûlés par le vent d'orient, poussèrent après eux.
24. Les épis maigres engloutirent les sept beaux épis. Je l'ai dit aux magiciens, mais personne ne m'a donné l'explication.
25. Joseph dit à Pharaon : Ce qu'a songé Pharaon est une seule chose ; Dieu a fait connaître à Pharaon ce qu'il va faire.
26. Les sept vaches belles sont sept années : et les sept épis beaux sont sept années : c'est un seul songe.
27. Les sept vaches décharnées et laides, qui montaient derrière les premières, sont sept années ; et les sept épis vides, brûlés par le vent d'orient, seront sept années de famine.
28. Ainsi, comme je viens de le dire à Pharaon, Dieu a fait connaître à Pharaon ce qu'il va faire.
29. Voici, il y aura sept années de grande abondance dans tout le pays d'Égypte.
30. Sept années de famine viendront après elles ; et l'on oubliera toute cette abondance au pays d'Égypte, et la famine consumera le pays.

31. Cette famine qui suivra sera si forte qu'on ne s'apercevra plus de l'abondance dans le pays.
32. Si Pharaon a vu le songe se répéter une seconde fois, c'est que la chose est arrêtée de la part de Dieu, et que Dieu se hâtera de l'exécuter.
33. Maintenant, que Pharaon choisisse un homme intelligent et sage, et qu'il le mette à la tête du pays d'Égypte.
34. Que Pharaon établisse des commissaires sur le pays, pour lever un cinquième des récoltes de l'Égypte pendant les sept années d'abondance.
35. Qu'ils rassemblent tous les produits de ces bonnes années qui vont venir ; qu'ils fassent, sous l'autorité de Pharaon, des amas de blé, des approvisionnements dans les villes, et qu'ils en aient la garde.
36. Ces provisions seront en réserve pour le pays, pour les sept années de famine qui arriveront dans le pays d'Égypte, afin que le pays ne soit pas consumé par la famine.
37. Ces paroles plurent à Pharaon et à tous ses serviteurs.
38. Et Pharaon dit à ses serviteurs : Trouverions-nous un homme comme celui-ci, ayant en lui l'esprit de Dieu ?
39. Et Pharaon dit à Joseph : Puisque Dieu t'a fait connaître toutes ces choses, il n'y a personne qui soit aussi intelligent et aussi sage que toi.
40. Je t'établis sur ma maison, et tout mon peuple obéira à tes ordres. Le trône seul m'élèvera au-dessus de toi.
41. Pharaon dit à Joseph : Vois, je te donne le commandement de tout le pays d'Égypte.

42. Pharaon ôta son anneau de la main, et le mit à la main de Joseph ; il le revêtit d'habits de fin lin, et lui mit un collier d'or au cou.
43. Il le fit monter sur le char qui suivait le sien ; et l'on criait devant lui : À genoux ! C'est ainsi que Pharaon lui donna le commandement de tout le pays d'Égypte.
44. Il dit encore à Joseph : Je suis Pharaon ! Et sans toi personne ne lèvera la main ni le pied dans tout le pays d'Égypte.
45. Pharaon appela Joseph du nom de Tsaphnath Paenéach ; et il lui donna pour femme Asnath, fille de Poti Phéra, prêtre d'On. Et Joseph partit pour visiter le pays d'Égypte.
46. Joseph était âgé de trente ans lorsqu'il se présenta devant Pharaon, roi d'Égypte ; et il quitta Pharaon, et parcourut tout le pays d'Égypte.
47. Pendant les sept années de fertilité, la terre rapporta abondamment.
48. Joseph rassembla tous les produits de ces sept années dans le pays d'Égypte ; il fit des approvisionnements dans les villes, mettant dans l'intérieur de chaque ville les productions des champs d'alentour.
49. Joseph amassa du blé, comme le sable de la mer, en quantité si considérable que l'on cessa de compter, parce qu'il n'y avait plus de nombre.
50. Avant les années de famine, il naquit à Joseph deux fils, que lui enfanta Asnath, fille de Poti Phéra, prêtre d'On.

51. Joseph donna au premier-né le nom de Manassé, car, dit-il, Dieu m'a fait oublier toutes mes peines et toute la maison de mon père.
52. Et il donna au second le nom d'Éphraïm, car, dit-il, Dieu m'a rendu fécond dans le pays de mon affliction.
53. Les sept années d'abondance qu'il y eut au pays d'Égypte s'écoulèrent.
54. Et les sept années de famine commencèrent à venir, ainsi que Joseph l'avait annoncé. Il y eut famine dans tous les pays ; mais dans tout le pays d'Égypte il y avait du pain.
55. Quand tout le pays d'Égypte fut aussi affamé, le peuple cria à Pharaon pour avoir du pain. Pharaon dit à tous les Égyptiens : Allez vers Joseph, et faites ce qu'il vous dira.
56. La famine régnait dans tout le pays. Joseph ouvrit tous les lieux d'approvisionnement, et vendit du blé aux Égyptiens. La famine augmentait dans le pays d'Égypte.
57. Et de tous les pays on arrivait en Égypte, pour acheter du blé auprès de Joseph ; car la famine était forte dans tous les pays.

Genèse 42

1. Jacob, voyant qu'il y avait du blé en Égypte, dit à ses fils : Pourquoi vous regardez-vous les uns les autres ?
2. Il dit : Voici, j'apprends qu'il y a du blé en Égypte ; descendez-y, pour nous en acheter là, afin que nous vivions et que nous ne mourions pas.
3. Dix frères de Joseph descendirent en Égypte, pour acheter du blé.
4. Jacob n'envoya point avec eux Benjamin, frère de Joseph, dans la crainte qu'il ne lui arrivât quelque malheur.
5. Les fils d'Israël vinrent pour acheter du blé, au milieu de ceux qui venaient aussi ; car la famine était dans le pays de Canaan.
6. Joseph commandait dans le pays ; c'est lui qui vendait du blé à tout le peuple du pays. Les frères de Joseph vinrent, et se prosternèrent devant lui la face contre terre.
7. Joseph vit ses frères et les reconnut ; mais il feignit d'être un étranger pour eux, il leur parla durement, et leur dit : D'où venez-vous ? Ils répondirent : Du pays de Canaan, pour acheter des vivres.
8. Joseph reconnut ses frères, mais eux ne le reconnurent pas.
9. Joseph se souvint des songes qu'il avait eus à leur sujet, et il leur dit : Vous êtes des espions ; c'est pour observer les lieux faibles du pays que vous êtes venus.
10. Ils lui répondirent : Non, mon seigneur, tes serviteurs sont venus pour acheter du blé.

11. Nous sommes tous fils d'un même homme ; nous sommes sincères, tes serviteurs ne sont pas des espions.
12. Il leur dit : Nullement ; c'est pour observer les lieux faibles du pays que vous êtes venus.
13. Ils répondirent : Nous, tes serviteurs, sommes douze frères, fils d'un même homme au pays de Canaan ; et voici, le plus jeune est aujourd'hui avec notre père, et il y en a un qui n'est plus.
14. Joseph leur dit : Je viens de vous le dire, vous êtes des espions.
15. Voici comment vous serez éprouvés. Par la vie de Pharaon ! vous ne sortirez point d'ici que votre jeune frère ne soit venu.
16. Envoyez l'un de vous pour chercher votre frère ; et vous, restez prisonniers. Vos paroles seront éprouvées, et je saurai si la vérité est chez vous ; sinon, par la vie de Pharaon ! vous êtes des espions.
17. Et il les mit ensemble trois jours en prison.
18. Le troisième jour, Joseph leur dit : Faites ceci, et vous vivrez. Je crains Dieu !
19. Si vous êtes sincères, que l'un de vos frères reste enfermé dans votre prison ; et vous, partez, emportez du blé pour nourrir vos familles,
20. et amenez-moi votre jeune frère, afin que vos paroles soient éprouvées et que vous ne mouriez point. Et ils firent ainsi.
21. Ils se dirent alors l'un à l'autre : Oui, nous avons été coupables envers notre frère, car nous avons vu

l'angoisse de son âme, quand il nous demandait grâce, et nous ne l'avons point écouté ! C'est pour cela que cette affliction nous arrive.
22. Ruben, prenant la parole, leur dit : Ne vous disais-je pas : Ne commettez point un crime envers cet enfant ? Mais vous n'avez point écouté. Et voici, son sang est redemandé.
23. Ils ne savaient pas que Joseph comprenait, car il se servait avec eux d'un interprète.
24. Il s'éloigna d'eux, pour pleurer. Il revint, et leur parla ; puis il prit parmi eux Siméon, et le fit enchaîner sous leurs yeux.
25. Joseph ordonna qu'on remplît de blé leurs sacs, qu'on remît l'argent de chacun dans son sac, et qu'on leur donnât des provisions pour la route. Et l'on fit ainsi.
26. Ils chargèrent le blé sur leurs ânes, et partirent.
27. L'un d'eux ouvrit son sac pour donner du fourrage à son âne, dans le lieu où ils passèrent la nuit, et il vit l'argent qui était à l'entrée du sac.
28. Il dit à ses frères : Mon argent a été rendu, et le voici dans mon sac. Alors leur cœur fut en défaillance ; et ils se dirent l'un à l'autre, en tremblant : Qu'est-ce que Dieu nous a fait ?
29. Ils revinrent auprès de Jacob, leur père, dans le pays de Canaan, et ils lui racontèrent tout ce qui leur était arrivé. Ils dirent :
30. L'homme, qui est le seigneur du pays, nous a parlé durement, et il nous a pris pour des espions.

31. Nous lui avons dit : Nous sommes sincères, nous ne sommes pas des espions.
32. Nous sommes douze frères, fils de notre père ; l'un n'est plus, et le plus jeune est aujourd'hui avec notre père au pays de Canaan.
33. Et l'homme, qui est le seigneur du pays, nous a dit : Voici comment je saurai si vous êtes sincères. Laissez auprès de moi l'un de vos frères, prenez de quoi nourrir vos familles, partez, et amenez-moi votre jeune frère.
34. Je saurai ainsi que vous n'êtes pas des espions, que vous êtes sincères ; je vous rendrai votre frère, et vous pourrez librement parcourir le pays.
35. Lorsqu'ils vidèrent leurs sacs, voici, le paquet d'argent de chacun était dans son sac. Ils virent, eux et leur père, leurs paquets d'argent, et ils eurent peur.
36. Jacob, leur père, leur dit : Vous me privez de mes enfants ! Joseph n'est plus, Siméon n'est plus, et vous prendriez Benjamin ! C'est sur moi que tout cela retombe.
37. Ruben dit à son père : Tu feras mourir mes deux fils si je ne te ramène pas Benjamin ; remets-le entre mes mains, et je te le ramènerai.
38. Jacob dit : Mon fils ne descendra point avec vous ; car son frère est mort, et il reste seul ; s'il lui arrivait un malheur dans le voyage que vous allez faire, vous feriez descendre mes cheveux blancs avec douleur dans le séjour des morts.

Genèse 43

1. La famine s'appesantissait sur le pays.
2. Quand ils eurent fini de manger le blé qu'ils avaient apporté d'Égypte, Jacob dit à ses fils : Retournez, achetez-nous un peu de vivres.
3. Juda lui répondit : Cet homme nous a fait cette déclaration formelle : Vous ne verrez pas ma face, à moins que votre frère ne soit avec vous.
4. Si donc tu veux envoyer notre frère avec nous, nous descendrons, et nous t'achèterons des vivres.
5. Mais si tu ne veux pas l'envoyer, nous ne descendrons point, car cet homme nous a dit : Vous ne verrez pas ma face, à moins que votre frère ne soit avec vous.
6. Israël dit alors : Pourquoi avez-vous mal agi à mon égard, en disant à cet homme que vous aviez encore un frère ?
7. Ils répondirent : Cet homme nous a interrogés sur nous et sur notre famille, en disant : Votre père vit-il encore ? avez-vous un frère ? Et nous avons répondu à ces questions. Pouvions-nous savoir qu'il dirait : Faites descendre votre frère ?
8. Juda dit à Israël, son père : Laisse venir l'enfant avec moi, afin que nous nous levions et que nous partions ;

et nous vivrons et ne mourrons pas, nous, toi, et nos enfants.

9. Je réponds de lui ; tu le redemanderas de ma main. Si je ne le ramène pas auprès de toi et si je ne le remets pas devant ta face, je serai pour toujours coupable envers toi.
10. Car si nous n'eussions pas tardé, nous serions maintenant deux fois de retour.
11. Israël, leur père, leur dit : Puisqu'il le faut, faites ceci. Prenez dans vos sacs des meilleures productions du pays, pour en porter un présent à cet homme, un peu de baume et un peu de miel, des aromates, de la myrrhe, des pistaches et des amandes.
12. Prenez avec vous de l'argent au double, et remportez l'argent qu'on avait mis à l'entrée de vos sacs : peut-être était-ce une erreur.
13. Prenez votre frère, et levez-vous ; retournez vers cet homme.
14. Que le Dieu tout puissant vous fasse trouver grâce devant cet homme, et qu'il laisse revenir avec vous votre autre frère et Benjamin ! Et moi, si je dois être privé de mes enfants, que j'en sois privé !
15. Ils prirent le présent ; ils prirent avec eux de l'argent au double, ainsi que Benjamin ; ils se levèrent, descendirent en Égypte, et se présentèrent devant Joseph.
16. Dès que Joseph vit avec eux Benjamin, il dit à son intendant : Fais entrer ces gens dans la maison, tue et apprête ; car ces gens mangeront avec moi à midi.

17. Cet homme fit ce que Joseph avait ordonné, et il conduisit ces gens dans la maison de Joseph.
18. Ils eurent peur lorsqu'ils furent conduits à la maison de Joseph, et ils dirent : C'est à cause de l'argent remis l'autre fois dans nos sacs qu'on nous emmène ; c'est pour se jeter sur nous, se précipiter sur nous ; c'est pour nous prendre comme esclaves, et s'emparer de nos ânes.
19. Ils s'approchèrent de l'intendant de la maison de Joseph, et lui adressèrent la parole, à l'entrée de la maison.
20. Ils dirent : Pardon ! mon seigneur, nous sommes déjà descendus une fois pour acheter des vivres.
21. Puis, quand nous arrivâmes, au lieu où nous devions passer la nuit, nous avons ouvert nos sacs ; et voici, l'argent de chacun était à l'entrée de son sac, notre argent selon son poids : nous le rapportons avec nous.
22. Nous avons aussi apporté d'autre argent, pour acheter des vivres. Nous ne savons pas qui avait mis notre argent dans nos sacs.
23. L'intendant répondit : Que la paix soit avec vous ! Ne craignez rien. C'est votre Dieu, le Dieu de votre père, qui vous a donné un trésor dans vos sacs. Votre argent m'est parvenu. Et il leur amena Siméon.
24. Cet homme les fit entrer dans la maison de Joseph ; il leur donna de l'eau et ils se lavèrent les pieds ; il donna aussi du fourrage à leurs ânes.
25. Ils préparèrent leur présent, en attendant que Joseph vienne à midi ; car on les avait informés qu'ils

mangeraient chez lui.
26. Quand Joseph fut arrivé à la maison, ils lui offrirent le présent qu'ils avaient apporté, et ils se prosternèrent en terre devant lui.
27. Il leur demanda comment ils se portaient ; et il dit : Votre vieux père, dont vous avez parlé, est-il en bonne santé ? vit-il encore ?
28. Ils répondirent : Ton serviteur, notre père, est en bonne santé ; il vit encore. Et ils s'inclinèrent et se prosternèrent.
29. Joseph leva les yeux ; et, jetant un regard sur Benjamin, son frère, fils de sa mère, il dit : Est-ce là votre jeune frère, dont vous m'avez parlé ? Et il ajouta : Dieu te fasse miséricorde, mon fils !
30. Ses entrailles étaient émues pour son frère, et il avait besoin de pleurer ; il entra précipitamment dans une chambre, et il y pleura.
31. Après s'être lavé le visage, il en sortit ; et, faisant des efforts pour se contenir, il dit : Servez à manger.
32. On servit Joseph à part, et ses frères à part ; les Égyptiens qui mangeaient avec lui furent aussi servis à part, car les Égyptiens ne pouvaient pas manger avec les Hébreux, parce que c'est à leurs yeux une abomination.
33. Les frères de Joseph s'assirent en sa présence, le premier-né selon son droit d'aînesse, et le plus jeune selon son âge ; et ils se regardaient les uns les autres avec étonnement.

34. Joseph leur fit porter des mets qui étaient devant lui, et Benjamin en eut cinq fois plus que les autres. Ils burent, et s'égayèrent avec lui.

Genèse 44

1. Joseph donna cet ordre à l'intendant de sa maison : Remplis de vivres les sacs de ces gens, autant qu'ils en pourront porter, et mets l'argent de chacun à l'entrée de son sac.
2. Tu mettras aussi ma coupe, la coupe d'argent, à l'entrée du sac du plus jeune, avec l'argent de son blé. L'intendant fit ce que Joseph lui avait ordonné.
3. Le matin, dès qu'il fit jour, on renvoya ces gens avec leur ânes.
4. Ils étaient sortis de la ville, et ils n'en étaient guère éloignés, lorsque Joseph dit à son intendant : Lève-toi, poursuis ces gens ; et, quand tu les auras atteints, tu leur diras : Pourquoi avez-vous rendu le mal pour le bien ?
5. N'avez-vous pas la coupe dans laquelle boit mon seigneur, et dont il se sert pour deviner ? Vous avez mal fait d'agir ainsi.
6. L'intendant les atteignit, et leur dit ces mêmes paroles.

7. Ils lui répondirent : Pourquoi mon seigneur parle-t-il de la sorte ? Dieu préserve tes serviteurs d'avoir commis une telle action !
8. Voici, nous t'avons rapporté du pays de Canaan l'argent que nous avons trouvé à l'entrée de nos sacs ; comment aurions-nous dérobé de l'argent ou de l'or dans la maison de ton seigneur ?
9. Que celui de tes serviteurs sur qui se trouvera la coupe meure, et que nous soyons nous-mêmes esclaves de mon seigneur !
10. Il dit : Qu'il en soit donc selon vos paroles ! Celui sur qui se trouvera la coupe sera mon esclave ; et vous, vous serez innocents.
11. Aussitôt, chacun descendit son sac à terre, et chacun ouvrit son sac.
12. L'intendant les fouilla, commençant par le plus âgé et finissant par le plus jeune ; et la coupe fut trouvée dans le sac de Benjamin.
13. Ils déchirèrent leurs vêtements, chacun rechargea son âne, et ils retournèrent à la ville.
14. Juda et ses frères arrivèrent à la maison de Joseph, où il était encore, et ils se prosternèrent en terre devant lui.
15. Joseph leur dit : Quelle action avez-vous faite ? Ne savez-vous pas qu'un homme comme moi a le pouvoir de deviner ?
16. Juda répondit : Que dirons-nous à mon seigneur ? comment parlerons-nous ? comment nous justifierons-nous ? Dieu a trouvé l'iniquité de tes serviteurs. Nous

voici esclaves de mon seigneur, nous, et celui sur qui s'est trouvée la coupe.
17. Et Joseph dit : Dieu me garde de faire cela ! L'homme sur qui la coupe a été trouvée sera mon esclave ; mais vous, remontez en paix vers votre père.
18. Alors Juda s'approcha de Joseph, et dit : De grâce, mon seigneur, que ton serviteur puisse faire entendre une parole à mon seigneur, et que sa colère ne s'enflamme point contre ton serviteur ! car tu es comme Pharaon.
19. Mon seigneur a interrogé ses serviteurs, en disant : Avez-vous un père, ou un frère ?
20. Nous avons répondu : Nous avons un vieux père, et un jeune frère, enfant de sa vieillesse ; cet enfant avait un frère qui est mort, et qui était de la même mère ; il reste seul, et son père l'aime.
21. Tu as dit à tes serviteurs : Faites-le descendre vers moi, et que je le voie de mes propres yeux.
22. Nous avons répondu à mon seigneur : L'enfant ne peut pas quitter son père ; s'il le quitte, son père mourra.
23. Tu as dit à tes serviteurs : Si votre jeune frère ne descend pas avec vous, vous ne reverrez pas ma face.
24. Lorsque nous sommes remontés auprès de ton serviteur, mon père, nous lui avons rapporté les paroles de mon seigneur.
25. Notre père a dit : Retournez, achetez-nous un peu de vivres.
26. Nous avons répondu : Nous ne pouvons pas descendre ; mais, si notre jeune frère est avec nous,

nous descendrons, car nous ne pouvons pas voir la face de cet homme, à moins que notre jeune frère ne soit avec nous.
27. Ton serviteur, notre père, nous a dit : Vous savez que ma femme m'a enfanté deux fils.
28. L'un étant sorti de chez moi, je pense qu'il a été sans doute déchiré, car je ne l'ai pas revu jusqu'à présent.
29. Si vous me prenez encore celui-ci, et qu'il lui arrive un malheur, vous ferez descendre mes cheveux blancs avec douleur dans le séjour des morts.
30. Maintenant, si je retourne auprès de ton serviteur, mon père, sans avoir avec nous l'enfant à l'âme duquel son âme est attachée,
31. il mourra, en voyant que l'enfant n'y est pas ; et tes serviteurs feront descendre avec douleur dans le séjour des morts les cheveux blancs de ton serviteur, notre père.
32. Car ton serviteur a répondu pour l'enfant, en disant à mon père : Si je ne le ramène pas auprès de toi, je serai pour toujours coupable envers mon père.
33. Permets donc, je te prie, à ton serviteur de rester à la place de l'enfant, comme esclave de mon seigneur ; et que l'enfant remonte avec ses frères.
34. Comment pourrai-je remonter vers mon père, si l'enfant n'est pas avec moi ? Ah ! que je ne voie point l'affliction de mon père !

Genèse 45

1. Joseph ne pouvait plus se contenir devant tous ceux qui l'entouraient. Il s'écria : Faites sortir tout le monde. Et il ne resta personne avec Joseph, quand il se fit connaître à ses frères.
2. Il éleva la voix, en pleurant. Les Égyptiens l'entendirent, et la maison de Pharaon l'entendit.
3. Joseph dit à ses frères : Je suis Joseph ! Mon père vit-il encore ? Mais ses frères ne purent lui répondre, car ils étaient troublés en sa présence.
4. Joseph dit à ses frères : Approchez-vous de moi. Et ils s'approchèrent. Il dit : Je suis Joseph, votre frère, que vous avez vendu pour être mené en Égypte.
5. Maintenant, ne vous affligez pas, et ne soyez pas fâchés de m'avoir vendu pour être conduit ici, car c'est pour vous sauver la vie que Dieu m'a envoyé devant vous.
6. Voilà deux ans que la famine est dans le pays ; et pendant cinq années encore, il n'y aura ni labour, ni moisson.
7. Dieu m'a envoyé devant vous pour vous faire subsister dans le pays, et pour vous faire vivre par une grande délivrance.
8. Ce n'est donc pas vous qui m'avez envoyé ici, mais c'est Dieu ; il m'a établi père de Pharaon, maître de toute sa maison, et gouverneur de tout le pays d'Égypte.

9. Hâtez-vous de remonter auprès de mon père, et vous lui direz : Ainsi a parlé ton fils Joseph : Dieu m'a établi seigneur de toute l'Égypte ; descends vers moi, ne tarde pas !
10. Tu habiteras dans le pays de Gosen, et tu seras près de moi, toi, tes fils, et les fils de tes fils, tes brebis et tes bœufs, et tout ce qui est à toi.
11. Là, je te nourrirai, car il y aura encore cinq années de famine ; et ainsi tu ne périras point, toi, ta maison, et tout ce qui est à toi.
12. Vous voyez de vos yeux, et mon frère Benjamin voit de ses yeux que c'est moi-même qui vous parle.
13. Racontez à mon père toute ma gloire en Égypte, et tout ce que vous avez vu ; et vous ferez descendre ici mon père au plus tôt.
14. Il se jeta au cou de Benjamin, son frère, et pleura ; et Benjamin pleura sur son cou.
15. Il embrassa aussi tous ses frères, en pleurant. Après quoi, ses frères s'entretinrent avec lui.
16. Le bruit se répandit dans la maison de Pharaon que les frères de Joseph étaient arrivés : ce qui fut agréable à Pharaon et à ses serviteurs.
17. Pharaon dit à Joseph : Dis à tes frères : Faites ceci. Chargez vos bêtes, et partez pour le pays de Canaan ;
18. prenez votre père et vos familles, et venez auprès de moi. Je vous donnerai ce qu'il y a de meilleur au pays d'Égypte, et vous mangerez la graisse du pays.
19. Tu as ordre de leur dire : Faites ceci. Prenez dans le pays d'Égypte des chars pour vos enfants et pour vos

femmes ; amenez votre père, et venez.
20. Ne regrettez point ce que vous laisserez, car ce qu'il a de meilleur dans tout le pays d'Égypte sera pour vous.
21. Les fils d'Israël firent ainsi. Joseph leur donna des chars, selon l'ordre de Pharaon ; il leur donna aussi des provisions pour la route.
22. Il leur donna à tous des vêtements de rechange, et il donna à Benjamin trois cents sicles d'argent et cinq vêtements de rechange.
23. Il envoya à son père dix ânes chargés de ce qu'il y avait de meilleur en Égypte, et dix ânesses chargées de blé, de pain et de vivres, pour son père pendant le voyage.
24. Puis il congédia ses frères, qui partirent ; et il leur dit : Ne vous querellez pas en chemin.
25. Ils remontèrent de l'Égypte, et ils arrivèrent dans le pays de Canaan, auprès de Jacob, leur père.
26. Ils lui dirent : Joseph vit encore, et même c'est lui qui gouverne tout le pays d'Égypte. Mais le cœur de Jacob resta froid, parce qu'il ne les croyait pas.
27. Ils lui rapportèrent toutes les paroles que Joseph leur avait dites. Il vit les chars que Joseph avait envoyés pour le transporter. C'est alors que l'esprit de Jacob, leur père, se ranima ;
28. et Israël dit : C'est assez ! Joseph, mon fils, vit encore ! J'irai, et je le verrai avant que je meure.

Genèse 46

1. Israël partit, avec tout ce qui lui appartenait. Il arriva à Beer Schéba, et il offrit des sacrifices au Dieu de son père Isaac.
2. Dieu parla à Israël dans une vision pendant la nuit, et il dit : Jacob ! Jacob ! Israël répondit : Me voici !
3. Et Dieu dit : Je suis le Dieu, le Dieu de ton père. Ne crains point de descendre en Égypte, car là je te ferai devenir une grande nation.
4. Moi-même je descendrai avec toi en Égypte, et moi-même je t'en ferai remonter ; et Joseph te fermera les yeux.
5. Jacob quitta Beer Schéba ; et les fils d'Israël mirent Jacob, leur père, avec leurs enfants et leurs femmes, sur les chars que Pharaon avait envoyés pour les transporter.
6. Ils prirent aussi leurs troupeaux et les biens qu'ils avaient acquis dans le pays de Canaan. Et Jacob se rendit en Égypte, avec toute sa famille.
7. Il emmena avec lui en Égypte ses fils et les fils de ses fils, ses filles et les filles de ses fils, et toute sa famille.
8. Voici les noms des fils d'Israël, qui vinrent en Égypte. Jacob et ses fils. Premier-né de Jacob : Ruben.
9. Fils de Ruben : Hénoc, Pallu, Hetsron et Carmi.
10. Fils de Siméon : Jemuel, Jamin, Ohad, Jakin et Tsochar ; et Saul, fils de la Cananéenne.
11. Fils de Lévi : Guerschon, Kehath et Merari.

12. Fils de Juda : Er, Onan, Schéla, Pérets et Zarach ; mais Er et Onan moururent au pays de Canaan. Les fils de Pérets furent Hetsron et Hamul.
13. Fils d'Issacar : Thola, Puva, Job et Schimron.
14. Fils de Zabulon : Séred, Élon et Jahleel.
15. Ce sont là les fils que Léa enfanta à Jacob à Paddan Aram, avec sa fille Dina. Ses fils et ses filles formaient en tout trente-trois personnes.
16. Fils de Gad : Tsiphjon, Haggi, Schuni, Etsbon, Éri, Arodi et Areéli.
17. Fils d'Aser : Jimna, Jischva, Jischvi et Beria ; et Sérach, leur sœur. Et les fils de Beria : Héber et Malkiel.
18. Ce sont là les fils de Zilpa, que Laban avait donnée à Léa, sa fille ; et elle les enfanta à Jacob. En tout, seize personnes.
19. Fils de Rachel, femme de Jacob : Joseph et Benjamin.
20. Il naquit à Joseph, au pays d'Égypte, Manassé et Éphraïm, que lui enfanta Asnath, fille de Poti Phéra, prêtre d'On.
21. Fils de Benjamin : Béla, Béker, Aschbel, Guéra, Naaman, Éhi, Rosch, Muppim, Huppim et Ard.
22. Ce sont là les fils de Rachel, qui naquirent à Jacob. En tout, quatorze personnes.
23. Fils de Dan : Huschim.
24. Fils de Nephthali : Jathtseel, Guni, Jetser et Schillem.
25. Ce sont là les fils de Bilha, que Laban avait donnée à Rachel, sa fille ; et elle les enfanta à Jacob. En tout, sept personnes.

26. Les personnes qui vinrent avec Jacob en Égypte, et qui étaient issues de lui, étaient au nombre de soixante-six en tout, sans compter les femmes des fils de Jacob.
27. Et Joseph avait deux fils qui lui étaient nés en Égypte. Le total des personnes de la famille de Jacob qui vinrent en Égypte était de soixante-dix.
28. Jacob envoya Juda devant lui vers Joseph, pour l'informer qu'il se rendait en Gosen.
29. Joseph attela son char et y monta, pour aller en Gosen, à la rencontre d'Israël, son père. Dès qu'il le vit, il se jeta à son cou, et pleura longtemps sur son cou.
30. Israël dit à Joseph : Que je meure maintenant, puisque j'ai vu ton visage et que tu vis encore !
31. Joseph dit à ses frères et à la famille de son père : Je vais avertir Pharaon, et je lui dirai : Mes frères et la famille de mon père, qui étaient au pays de Canaan, sont arrivés auprès de moi.
32. Ces hommes sont bergers, car ils élèvent des troupeaux ; ils ont amené leurs brebis et leurs bœufs, et tout ce qui leur appartient.
33. Et quand Pharaon vous appellera, et dira :
34. Quelle est votre occupation ? vous répondrez : Tes serviteurs ont élevé des troupeaux, depuis notre jeunesse jusqu'à présent, nous et nos pères. De cette manière, vous habiterez dans le pays de Gosen, car tous les bergers sont en abomination aux Égyptiens.

Genèse 47

1. Joseph alla avertir Pharaon, et lui dit : Mes frères et mon père sont arrivés du pays de Canaan, avec leurs brebis et leurs bœufs, et tout ce qui leur appartient ; et les voici dans le pays de Gosen.
2. Il prit cinq de ses frères, et les présenta à Pharaon.
3. Pharaon leur dit : Quelle est votre occupation ? Ils répondirent à Pharaon : Tes serviteurs sont bergers, comme l'étaient nos pères.
4. Ils dirent encore à Pharaon : Nous sommes venus pour séjourner dans le pays, parce qu'il n'y a plus de pâturage pour les brebis de tes serviteurs, car la famine s'appesantit sur le pays de Canaan ; permets donc à tes serviteurs d'habiter au pays de Gosen.
5. Pharaon dit à Joseph : Ton père et tes frères sont venus auprès de toi.
6. Le pays d'Égypte est devant toi ; établis ton père et tes frères dans la meilleure partie du pays. Qu'ils habitent dans le pays de Gosen ; et, si tu trouves parmi eux des hommes capables, mets-les à la tête de mes troupeaux.
7. Joseph fit venir Jacob, son père, et le présenta à Pharaon. Et Jacob bénit Pharaon.
8. Pharaon dit à Jacob : Quel est le nombre de jours des années de ta vie ?
9. Jacob répondit à Pharaon : Les jours des années de mon pèlerinage sont de cent trente ans. Les jours des années de ma vie ont été peu nombreux et mauvais, et

ils n'ont point atteint les jours des années de la vie de mes pères durant leur pèlerinage.
10. Jacob bénit encore Pharaon, et se retira de devant Pharaon.
11. Joseph établit son père et ses frères, et leur donna une propriété dans le pays d'Égypte, dans la meilleure partie du pays, dans la contrée de Ramsès, comme Pharaon l'avait ordonné.
12. Joseph fournit du pain à son père et à ses frères, et à toute la famille de son père, selon le nombre des enfants.
13. Il n'y avait plus de pain dans tout le pays, car la famine était très grande ; le pays d'Égypte et le pays de Canaan languissaient, à cause de la famine.
14. Joseph recueillit tout l'argent qui se trouvait dans le pays d'Égypte et dans le pays de Canaan, contre le blé qu'on achetait ; et il fit entrer cet argent dans la maison de Pharaon.
15. Quand l'argent du pays d'Égypte et du pays de Canaan fut épuisé, tous les Égyptiens vinrent à Joseph, en disant : Donne-nous du pain ! Pourquoi mourrions-nous en ta présence ? car l'argent manque.
16. Joseph dit : Donnez vos troupeaux, et je vous donnerai du pain contre vos troupeaux, si l'argent manque.
17. Ils amenèrent leurs troupeaux à Joseph, et Joseph leur donna du pain contre les chevaux, contre les troupeaux de brebis et de bœufs, et contre les ânes. Il leur fournit ainsi du pain cette année-là contre tous leurs troupeaux.

18. Lorsque cette année fut écoulée, ils vinrent à Joseph l'année suivante, et lui dirent : Nous ne cacherons point à mon seigneur que l'argent est épuisé, et que les troupeaux de bétail ont été amenés à mon seigneur ; il ne reste devant mon seigneur que nos corps et nos terres.
19. Pourquoi mourrions-nous sous tes yeux, nous et nos terres ? Achète-nous avec nos terres contre du pain, et nous appartiendrons à mon seigneur, nous et nos terres. Donne-nous de quoi semer, afin que nous vivions et que nous ne mourions pas, et que nos terres ne soient pas désolées.
20. Joseph acheta toutes les terres de l'Égypte pour Pharaon ; car les Égyptiens vendirent chacun leur champ, parce que la famine les pressait. Et le pays devint la propriété de Pharaon.
21. Il fit passer le peuple dans les villes, d'un bout à l'autre des frontières de l'Égypte.
22. Seulement, il n'acheta point les terres des prêtres, parce qu'il y avait une loi de Pharaon en faveur des prêtres, qui vivaient du revenu que leur assurait Pharaon : c'est pourquoi ils ne vendirent point leurs terres.
23. Joseph dit au peuple : Je vous ai achetés aujourd'hui avec vos terres, pour Pharaon ; voici pour vous de la semence, et vous pourrez ensemencer le sol.
24. À la récolte, vous donnerez un cinquième à Pharaon, et vous aurez les quatre autres parties, pour ensemencer

les champs, et pour vous nourrir avec vos enfants et ceux qui sont dans vos maisons.
25. Ils dirent : Tu nous sauves la vie ! que nous trouvions grâce aux yeux de mon seigneur, et nous serons esclaves de Pharaon.
26. Joseph fit de cela une loi, qui a subsisté jusqu'à ce jour, et d'après laquelle un cinquième du revenu des terres de l'Égypte appartient à Pharaon ; il n'y a que les terres des prêtres qui ne soient point à Pharaon.
27. Israël habita dans le pays d'Égypte, dans le pays de Gosen. Ils eurent des possessions, ils furent féconds et multiplièrent beaucoup.
28. Jacob vécut dix-sept ans dans le pays d'Égypte ; et les jours des années de la vie de Jacob furent de cent quarante-sept ans.
29. Lorsqu'Israël approcha du moment de sa mort, il appela son fils Joseph, et lui dit : Si j'ai trouvé grâce à tes yeux, mets, je te prie, ta main sous ma cuisse, et use envers moi de bonté et de fidélité : ne m'enterre pas en Égypte !
30. Quand je serai couché avec mes pères, tu me transporteras hors de l'Égypte, et tu m'enterreras dans leur sépulcre. Joseph répondit : Je ferai selon ta parole.
31. Jacob dit : Jure-le-moi. Et Joseph le lui jura. Puis Israël se prosterna sur le chevet de son lit.

Genèse 48

1. Après ces choses, l'on vint dire à Joseph : Voici, ton père est malade. Et il prit avec lui ses deux fils, Manassé et Éphraïm.
2. On avertit Jacob, et on lui dit : Voici ton fils Joseph qui vient vers toi. Et Israël rassembla ses forces, et s'assit sur son lit.
3. Jacob dit à Joseph : Le Dieu tout puissant m'est apparu à Luz, dans le pays de Canaan, et il m'a béni.
4. Il m'a dit : Je te rendrai fécond, je te multiplierai, et je ferai de toi une multitude de peuples ; je donnerai ce pays à ta postérité après toi, pour qu'elle le possède à toujours.
5. Maintenant, les deux fils qui te sont nés au pays d'Égypte, avant mon arrivée vers toi en Égypte, seront à moi ; Éphraïm et Manassé seront à moi, comme Ruben et Siméon.
6. Mais les enfants que tu as engendrés après eux seront à toi ; ils seront appelés du nom de leurs frères dans leur héritage.
7. À mon retour de Paddan, Rachel mourut en route auprès de moi, dans le pays de Canaan, à quelque distance d'Éphrata ; et c'est là que je l'ai enterrée, sur le chemin d'Éphrata, qui est Bethléhem.
8. Israël regarda les fils de Joseph, et dit : Qui sont ceux-ci ?

9. Joseph répondit à son père : Ce sont mes fils, que Dieu m'a donnés ici. Israël dit : Fais-les, je te prie, approcher de moi, pour que je les bénisse.
10. Les yeux d'Israël étaient appesantis par la vieillesse ; il ne pouvait plus voir. Joseph les fit approcher de lui ; et Israël leur donna un baiser, et les embrassa.
11. Israël dit à Joseph : Je ne pensais pas revoir ton visage, et voici que Dieu me fait voir même ta postérité.
12. Joseph les retira des genoux de son père, et il se prosterna en terre devant lui.
13. Puis Joseph les prit tous deux, Éphraïm de sa main droite à la gauche d'Israël, et Manassé de sa main gauche à la droite d'Israël, et il les fit approcher de lui.
14. Israël étendit sa main droite et la posa sur la tête d'Éphraïm qui était le plus jeune, et il posa sa main gauche sur la tête de Manassé : ce fut avec intention qu'il posa ses mains ainsi, car Manassé était le premier-né.
15. Il bénit Joseph, et dit :
Que le Dieu en présence duquel ont marché mes pères, Abraham et Isaac,
que le Dieu qui m'a conduit depuis que j'existe jusqu'à ce jour,
16. que l'ange qui m'a délivré de tout mal, bénisse ces enfants !
Qu'ils soient appelés de mon nom et du nom de mes pères, Abraham et Isaac,
et qu'ils multiplient en abondance au milieu du pays !

17. Joseph vit avec déplaisir que son père posait sa main droite sur la tête d'Éphraïm ; il saisit la main de son père, pour la détourner de dessus la tête d'Éphraïm, et la diriger sur celle de Manassé.
18. Et Joseph dit à son père : Pas ainsi, mon père, car celui-ci est le premier-né ; pose ta main droite sur sa tête.
19. Son père refusa, et dit : Je le sais, mon fils, je le sais ; lui aussi deviendra un peuple, lui aussi sera grand ; mais son frère cadet sera plus grand que lui, et sa postérité deviendra une multitude de nations.
20. Il les bénit ce jour-là, et dit : C'est par toi qu'Israël bénira, en disant : Que Dieu te traite comme Éphraïm et comme Manassé ! Et il mit Éphraïm avant Manassé.
21. Israël dit à Joseph : Voici, je vais mourir ! Mais Dieu sera avec vous, et il vous fera retourner dans le pays de vos pères.
22. Je te donne, de plus qu'à tes frères, une part que j'ai prise de la main des Amoréens avec mon épée et avec mon arc.

Genèse 49

1. Jacob appela ses fils, et dit : Assemblez-vous, et je vous annoncerai ce qui vous arrivera dans la suite des

temps.
2. Rassemblez-vous, et écoutez, fils de Jacob !
Écoutez Israël, votre père !
3. Ruben, toi, mon premier-né,
ma force et les prémices de ma vigueur,
supérieur en dignité et supérieur en puissance,
4. Impétueux comme les eaux,
tu n'auras pas la prééminence !
car tu es monté sur la couche de ton père,
tu as souillé ma couche en y montant.
5. Siméon et Lévi sont frères ;
leurs glaives sont des instruments de violence.
6. Que mon âme n'entre point dans leur conciliabule,
que mon esprit ne s'unisse point à leur assemblée !
car, dans leur colère, ils ont tué des hommes,
et, dans leur méchanceté, ils ont coupé les jarrets des taureaux.
7. Maudite soit leur colère, car elle est violente,
et leur fureur, car elle est cruelle !
je les séparerai dans Jacob,
et je les disperserai dans Israël.
8. Juda, tu recevras les hommages de tes frères ;
ta main sera sur la nuque de tes ennemis.
les fils de ton père se prosterneront devant toi.
9. Juda est un jeune lion.
tu reviens du carnage, mon fils !
il ploie les genoux, il se couche comme un lion,
comme une lionne : qui le fera lever ?

10. Le sceptre ne s'éloignera point de Juda,
    ni le bâton souverain d'entre ses pieds,
    jusqu'à ce que vienne le Schilo,
    et que les peuples lui obéissent.
11. Il attache à la vigne son âne,
    et au meilleur cep le petit de son ânesse ;
    il lave dans le vin son vêtement,
    et dans le sang des raisins son manteau.
12. Il a les yeux rouges de vin,
    et les dents blanches de lait.
13. Zabulon habitera sur la côte des mers,
    il sera sur la côte des navires,
    et sa limite s'étendra du côté de Sidon.
14. Issacar est un âne robuste,
    qui se couche dans les étables.
15. Il voit que le lieu où il repose est agréable,
    et que la contrée est magnifique ;
    et il courbe son épaule sous le fardeau,
    il s'assujettit à un tribut.
16. Dan jugera son peuple,
    comme l'une des tribus d'Israël.
17. Dan sera un serpent sur le chemin,
    une vipère sur le sentier,
    mordant les talons du cheval,
    pour que le cavalier tombe à la renverse.
18. J'espère en ton secours, ô Éternel !
19. Gad sera assailli par des bandes armées,
    mais il les assaillira et les poursuivra.

20. Aser produit une nourriture excellente ;
    il fournira les mets délicats des rois.
21. Nephthali est une biche en liberté ;
    il profère de belles paroles.
22. Joseph est le rejeton d'un arbre fertile,
    le rejeton d'un arbre fertile près d'une source ;
    les branches s'élèvent au-dessus de la muraille.
23. Ils l'ont provoqué, ils ont lancé des traits ;
    les archers l'ont poursuivi de leur haine.
24. Mais son arc est demeuré ferme,
    et ses mains ont été fortifiées
    par les mains du Puissant de Jacob :
    il est ainsi devenu le berger, le rocher d'Israël.
25. C'est l'œuvre du Dieu de ton père, qui t'aidera ;
    c'est l'œuvre du Tout puissant, qui te bénira
    des bénédictions des cieux en haut,
    des bénédictions des eaux en bas,
    des bénédictions des mamelles et du sein maternel.
26. Les bénédictions de ton père s'élèvent
    au-dessus des bénédictions de mes pères
    jusqu'à la cime des collines éternelles :
    qu'elles soient sur la tête de Joseph,
    sur le sommet de la tête du prince de ses frères !
27. Benjamin est un loup qui déchire ;
    le matin, il dévore la proie,
    et le soir, il partage le butin.
28. Ce sont là tous ceux qui forment les douze tribus d'Israël. Et c'est là ce que leur dit leur père, en les bénissant. Il les bénit, chacun selon sa bénédiction.

29. Puis il leur donna cet ordre : Je vais être recueilli auprès de mon peuple ; enterrez-moi avec mes pères, dans la caverne qui est au champ d'Éphron, le Héthien,
30. dans la caverne du champ de Macpéla, vis-à-vis de Mamré, dans le pays de Canaan. C'est le champ qu'Abraham a acheté d'Éphron, le Héthien, comme propriété sépulcrale.
31. Là on a enterré Abraham et Sara, sa femme ; là on a enterré Isaac et Rebecca, sa femme ; et là j'ai enterré Léa.
32. Le champ et la caverne qui s'y trouve ont été achetés des fils de Heth.
33. Lorsque Jacob eut achevé de donner ses ordres à ses fils, il retira ses pieds dans le lit, il expira, et fut recueilli auprès de son peuple.

Genèse 50

1. Joseph se jeta sur le visage de son père, pleura sur lui, et le baisa.
2. Il ordonna aux médecins à son service d'embaumer son père, et les médecins embaumèrent Israël.
3. Quarante jours s'écoulèrent ainsi, et furent employés à l'embaumer. Et les Égyptiens le pleurèrent soixante-dix jours.

4. Quand les jours du deuil furent passés, Joseph s'adressa aux gens de la maison de Pharaon, et leur dit : Si j'ai trouvé grâce à vos yeux, rapportez, je vous prie, à Pharaon ce que je vous dis.
5. Mon père m'a fait jurer, en disant : Voici, je vais mourir ! Tu m'enterreras dans le sépulcre que je me suis acheté au pays de Canaan. Je voudrais donc y monter, pour enterrer mon père ; et je reviendrai.
6. Pharaon répondit : Monte, et enterre ton père, comme il te l'a fait jurer.
7. Joseph monta, pour enterrer son père. Avec lui montèrent tous les serviteurs de Pharaon, anciens de sa maison, tous les anciens du pays d'Égypte,
8. toute la maison de Joseph, ses frères, et la maison de son père : on ne laissa dans le pays de Gosen que les enfants, les brebis et les bœufs.
9. Il y avait encore avec Joseph des chars et des cavaliers, en sorte que le cortège était très nombreux.
10. Arrivés à l'aire d'Athad, qui est au delà du Jourdain, ils firent entendre de grandes et profondes lamentations ; et Joseph fit en l'honneur de son père un deuil de sept jours.
11. Les habitants du pays, les Cananéens, furent témoins de ce deuil dans l'aire d'Athad, et ils dirent : Voilà un grand deuil parmi les Égyptiens ! C'est pourquoi l'on a donné le nom d'Abel Mitsraïm à cette aire qui est au delà du Jourdain.
12. C'est ainsi que les fils de Jacob exécutèrent les ordres de leur père.

13. Ils le transportèrent au pays de Canaan, et l'enterrèrent dans la caverne du champ de Macpéla, qu'Abraham avait achetée d'Éphron, le Héthien, comme propriété sépulcrale, et qui est vis-à-vis de Mamré.
14. Joseph, après avoir enterré son père, retourna en Égypte, avec ses frères et tous ceux qui étaient montés avec lui pour enterrer son père.
15. Quand les frères de Joseph virent que leur père était mort, ils dirent : Si Joseph nous prenait en haine, et nous rendait tout le mal que nous lui avons fait !
16. Et ils firent dire à Joseph : Ton père a donné cet ordre avant de mourir :
17. Vous parlerez ainsi à Joseph : Oh ! pardonne le crime de tes frères et leur péché, car ils t'ont fait du mal ! Pardonne maintenant le péché des serviteurs du Dieu de ton père ! Joseph pleura, en entendant ces paroles.
18. Ses frères vinrent eux-mêmes se prosterner devant lui, et ils dirent : Nous sommes tes serviteurs.
19. Joseph leur dit : Soyez sans crainte ; car suis-je à la place de Dieu ?
20. Vous aviez médité de me faire du mal : Dieu l'a changé en bien, pour accomplir ce qui arrive aujourd'hui, pour sauver la vie à un peuple nombreux.
21. Soyez donc sans crainte ; je vous entretiendrai, vous et vos enfants. Et il les consola, en parlant à leur cœur.
22. Joseph demeura en Égypte, lui et la maison de son père. Il vécut cent dix ans.
23. Joseph vit les fils d'Éphraïm jusqu'à la troisième génération ; et les fils de Makir, fils de Manassé,

naquirent sur ses genoux.
24. Joseph dit à ses frères : Je vais mourir ! Mais Dieu vous visitera, et il vous fera remonter de ce pays-ci dans le pays qu'il a juré de donner à Abraham, à Isaac et à Jacob.
25. Joseph fit jurer les fils d'Israël, en disant : Dieu vous visitera ; et vous ferez remonter mes os loin d'ici.
26. Joseph mourut, âgé de cent dix ans. On l'embauma, et on le mit dans un cercueil en Égypte.